饕餮《论语》

崔宜明 著

目录

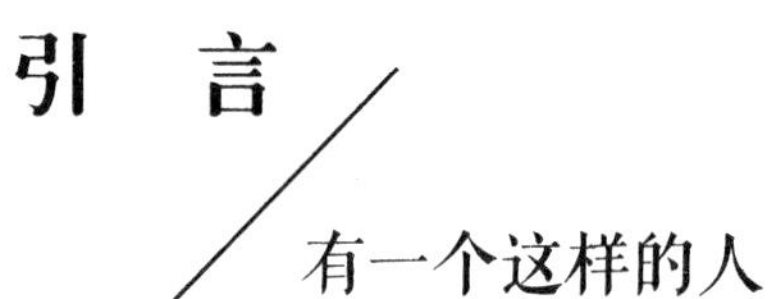

引言

有一个这样的人

在整个人类历史中，大概再找不着第二个人像孔子那样，在死后两千多年的漫漫岁月中如此毁誉莫测。

一个人在世时，其毁誉莫衷一是，那是常有的事。但是，在死后先是声誉日隆、直至“大成至圣先师”而独享“圣人”之美名，却在20世纪上半叶被要求为中华民族落入亡国灭种之境地承担责任，又在下半叶被当作“封建主义”的祖坟刨了个底儿掉，就真的是匪夷所思了。更加吊诡的是，20世纪上半叶的“五四运动”高举“打倒孔家店”的旗帜，确实是为新思想、新文化开路所必须；但是，20世纪下半叶的“文化大革命”的“批孔”，却偏偏是为了给“封建主义”那些最肮脏、腐朽的东西招魂。呜呼！这真的是一个说不尽的中国，真的是一个说不得的孔子。

时至今日，孔子既走下了神坛、也脱身于魔窟——这对孔子和我们这些活着的中国人来说当然是好事，但问题并没有得到解决：孔子是谁？我们应该怎样理解孔子？孔子的思想对于中华民族来说究竟意味着什么？孔子的学说能够给予人类的未来以怎样的启示？……但是，在回答这些问题之前恐怕首先需要弄明白：为什么孔子一会儿是神、一会儿是魔？是什么东西导致了后世中国人在看待孔子时总是戴上有色眼镜，并且变换着眼镜的色彩？

如果不首先把这件事情弄明白，那么，不论我们给予诸如“孔子是谁”以怎样的回答，恐怕都还是一笔糊涂账。正如孔子说的，“爱之欲其生，恶之欲其死；既欲其生，又欲其死，是惑也”（《论语·颜渊》）——虽然人的情绪总是在变化中，对于同一个人，有时我们觉得他很可爱，有时觉得有点讨厌，这很正常；但是，如果我们在爱的时候巴不得他与世长存，在厌的时候又恨不得他立马去死，那就叫做糊涂了。

孔子一会儿是神、一会儿是魔，这说明的正是后世中国人的糊涂。所以，如果不能把这件事情弄明白，就难免仍然是戴着有色眼镜去看孔子，虽然只不过是又一次换了眼镜的色彩，却自以为第一次看清了孔子本尊。

比如，在当今非常流行的“心灵鸡汤”式的解读就是一例。所谓心灵鸡汤式的解读，乃从《论语》中拈出一些励志的话语，诸如“见贤思齐焉，见不贤而内自省也”、（《论语·里仁》）“岁寒，然后知松柏之后彫也”、（《论语·子罕》）“三人行、必有我师焉”（《论语·述而》）等等，然后敷衍些对人生的感悟，以奏“劝善”之功者也。

诚然，“劝善”总是一件好事。在这个大变革的时代，每个人的生活中都充满了不确定性，头脑中充满了解不开的困惑，心灵中充满了难以言表的伤痛——有些是无法向他人言表的，更有一些是连自己也不知道是些什么的莫名伤痛，所以，心灵鸡汤是有益于世道人心的好东西。进而，今天的人们仍然能够从《论语》中获得心灵的慰藉，这正说明了孔子学说中含蕴着大智慧。

但是，心灵鸡汤式的解读触及的不过是大智慧的皮毛，却很容易误导人把星星点点的皮毛就当成了大智慧，这就非常危险了。因为，这样的误导通往民族虚无主义。

德国哲学家黑格尔曾经这样来评价孔子的学说："关于中国哲学首先要注意的是在基督降生五百年前的孔子的教训。孔子的教训在莱布尼兹的时代曾轰动一时：它是一种道德哲学。他的著作在中国是最受尊重的……我们看到孔子和他的弟子们的谈话，里面所讲的是一种常识道德，这种常识道德我们在哪里都找得到，在哪一个民族里都找得到，可能还要好些，这是毫无出色之点的东西。孔子只是一个实际的世间智者，在他那里思辩的哲学是一点也没有的——只有一些善良的、老练的、道德的教训，从里面我们不能获得什么特殊的东西。西塞罗留下给我们的'政治义务论'便是一本道德教训的书，比孔子所有的书内容丰富，而且更好。我们根据他的原著可以断言：为了保持孔子的名声，假使他的书从来不曾有过翻译，那倒是更好的事。"[1]

那种心灵鸡汤式的解读孔子学说，就是把孔子解读成了"常识道德"的代言人，再敷衍些解读者们对世道人心的感悟，孔子就真的成了"一个实际的世间智者"；那么，黑格尔对孔子的评论也就被坐实了。但是，如果孔子学说真的是"我们在哪里都找得到，在哪一个民族里都找得到，可能还要好些，这是毫无出色之点的东西"，那还有什么中

1　黑格尔《哲学史讲演录》（第一卷），贺麟等译，第 119 - 120 页，商务印书馆 1981 年。

华民族的精神传统可言！中国人的精神世界岂不成了一地鸡毛！所以，对孔子学说的心灵鸡汤式解读是有危险的，这是一副糟糕的有色眼镜，它是对孔子以及中华文明传统的矮化，它通向民族虚无主义！

虽然心灵鸡汤式的解读自有其存在的合理性，因为它在今天还能满足一些人的心理需求，但是这种“矮化”解读与历史上的“神化”和“魔化”解读一样都是戴上了有色眼镜的产物。

孔子学说中含蕴着大智慧，与老子学说一道范铸了中国人心灵世界的基本格局，为中华民族的伟大精神传统奠定了基础。对于今天的中国人来说，要实现中华民族伟大复兴的历史伟业，就必须重新审视我们的精神传统，就必须回到源头去重新认识和理解诸子百家的思想学说，就必须重新发掘和亲近孔子、老子学说中含蕴着的大智慧。但是，做这件事情的一个必要前提是，对那些在历史上出现过的种种有色眼镜给予必要的反思，以汲取教训，从而尽可能地避免戴上新的有色眼镜。

鲁迅在 1935 年写的《在现代中国的孔夫子》一文中对孔子被“神化”和“魔化”的原因有精辟论断。就“神化”而言，鲁迅说：“孔夫子之在中国，是权势者们捧起来的，是那些权势者或想做权势者们的圣人，和一般的民众并无什么关系。”这是说，孔子被“神化”不过是权势者们玩的把戏，目的是为了给他们的统治穿上一件华丽的外衣，孔子就成了他们扮相威严的工具，“种种的权势者便用种种的白粉给他来化妆，一直抬到吓人的高度。”[1] 其中的道理在

---

1 《鲁迅全集》(第 6 卷)，第 327 页，人民文学出版社 2005 年。

于，既然是扮相威严的工具，就不能让一般的民众凑近了看，距离越远、越看不清楚，就越有阻吓的效果，所以一直抬到吓人的高度，孔子就这样被“神化”了。

“魔化”正好是“神化”的对等效应：如果在权势者们华丽外衣里面的身躯实在太丑陋，这件外衣也就不得不跟着丑陋起来。

到了20世纪，权势者继续玩扮相威严的把戏，袁世凯、孙传芳和张宗昌们居然也搞起了祭孔、投壶和刻经的一套。鲁迅说：“这三个人，都把孔夫子当作砖头用，但是时代不同了，所以都明明白白的失败了。岂但自己失败而已呢，还带累孔子也更加陷入了悲境。他们都是连字也不大认识的人物，然而偏要大谈什么《十三经》之类，所以使人们觉得滑稽；言行也太不一致了，就更加令人讨厌。既已厌恶和尚，恨及袈裟，而孔夫子之被利用为或一目的的器具，也从新看得格外清楚起来，于是要打倒他的欲望，也就越加旺盛。所以把孔子装饰得十分尊严时，就一定有找他缺点的论文和作品出现。”[1]

其实，“五四”时代以“打倒孔家店”为旗帜也是一种把戏：既然权势者们玩的是扮相威严的把戏，要推翻权势者们的黑暗统治，就要戳穿他们的把戏，让他们暴露出威严扮相下面的魔相。但当时的历史情境是，中华民族正处于生死存亡的紧要关头，冷静而从容的理性思考已绝无可能，为了救亡图存，革命者们就干脆把给人看的扮相与内里的魔相一锅煮，直接把权势者们的魔相涂抹在他们的扮相上，孔子就这样被“魔化”了。

---

1 《鲁迅全集》（第6卷），第328－329页，人民文学出版社2005年。

虽然我们今天必须高度肯定“五四”时代革命者们的伟大历史功绩，但同时也必须坚定地指出：这仍然是“把戏”，把孔子当作扮相威严的工具是把戏，直接把权势者们的魔相涂抹在他们的扮相上也是把戏。虽然这两种把戏又一次证明了中国人的古老智慧——天道好还，“以道佐人主者，不以兵强天下，其事好还”，（《老子·第30章》）玩把戏者终究会被人当作把戏玩；但是，是摒弃一切把戏的时候了，是通过冷静而从容的理性思考去重新审视我们的精神传统、重新发掘和亲近孔子、老子学说中含蕴着的大智慧的时候了。

在“神化”和“魔化”都丧失了信誉以后，“人化”的解读境域就敞开了。也就是说，今天的中国人应该“在先”地把孔子当作是一个人，然后再尝试着去回答诸如“孔子是谁”等等问题。对于孔子和中国人，这都是莫大的幸事，因为把孔子当作是一个“人”，意味着我们平等地把每一个中国人都当作了“人”。历史表明，对孔子的“神化”意味着权势者拒绝把普通老百姓当作“人”，对孔子的“魔化”则意味着近代以来的中国人丧失了自信和自尊，他们觉得与西方人相比，自己低人一等；这就是孔子说的：“过犹不及。”（《论语·先进》）

在“神化”与“魔化”之间的是“人化”，是为“从容中道”，“人化”了的孔子表明中国人终于开始变得自信和从容了起来。

但是，这仅仅是个“开始”，对孔子“矮化”就是“开始”的印记。一方面，虽然孔子是“人”，但是其为人是“极高明而道中庸”，其为学是“致广大而尽精微”，其中含蕴着大智慧，却不显山不露水，极易被错当作“常识道德”；另一方面，用“人”的方式来解读孔子之为人、为学简直是极其罕有的事情。两千多年的专制制度造成的恶果之一是，中国人忘记了“智慧”是属于“人”的东西，丧失了用“人”的方式来理解“智慧”的能力，所以，当他们重新尝试着用“人”的方式来解读孔子时，他们心目中的那个“在先”的“人”只能是“常人”，所以他们解读出来的孔子也就成了“常人”，孔子就这样被“矮化”了。

然而，对孔子的“人化”解读境域毕竟敞开了，接下来要做的事情是叩问、揭示、亲近和拥抱孔子学说蕴含着的大智慧。但是，我们从什么地方开始呢？也就是说，当我们用“人”的方式来解读孔子时，我们心目中的那个“在先”的“人”是个什么样子呢？我们的这个“样子”有历史根据吗？这个问题非常重要，如果我们要尽可能地避免戴上新的有色眼镜，就必须首先对自己的前提给予批判的反思，找到自己的立足之地，并且牢牢地站稳。

我们从什么地方开始？那些在思想史上享有过赫赫威名的人——如宋明理学家以至于孟了——是不能立足的，因为宋明理学家把对孔子的“神化”推至极端，正是以孟子为立足之地的。这里，不妨稍微追溯一下孟子“神化”孔子的手法，就能看到这个立足之地实在有点不稳。

“孟子曰：规矩，方圆之至也；圣人，人伦之至也。”（《孟子·离娄上》）在孟子看来，“圣人”是在处理人伦关系方面做到了尽善尽美的人，就是家庭道德的完美楷模，所以说“仁之实，事亲是也；义之实，从兄是也”。（《孟子·离娄上》）在《孟子》一书中，通过诸多细节的雕刻，舜和曾参作为“孝悌”的完美楷模被打造了出来，但是，孔子之为“圣人”却完全不同，孟子甚至丝毫没有提及孔子的“孝悌”事迹。事实上，关于孔子处理家庭内部人伦关系的史料非常稀少，根本不可能从中构造出一个“人伦之至”的孔子。那么，孟子又是根据什么把孔子称作“圣人”的呢？

“孟子曰：伯夷，圣之清者也。伊尹，圣之任者也。柳下惠，圣之和者也。孔子，圣之时者也。孔子之谓集大成。”（《孟子·万章下》）所谓集大成，意思是圣人中的圣人。孔庙曾经遍布中国大地，其主体建筑称为“大成殿”，这个名称就出于孟子的这句话。但是，在这里，孔子之为“圣人”却不是因为在处理人伦关系方面做到了尽善尽美，而是他对待“出仕”的态度或者原则，也就是“可以仕则仕，可以止则止，可以久则久，可以速则速，孔子也”，（《孟子·公孙丑上》）意思是应该当官时就当官，应该辞官时就辞官，应该接着干就继续干，应该立刻走就马上走。虽然这其中贯穿的一个“时”字确实大有深意，但这是关于做官的学问，与“人伦之至”完全不同。可见，从孟子开始，对孔子的“神化”就是一件以己昏昏使人昭昭的事情。

在历史上，用“人”的方式来解读孔子之为人、为学是极其罕有的事情，但正因为罕有，所以更弥足珍惜，其最可推崇者就是司马迁。

“太史公曰：诗有之：高山仰止，景行行止；虽不能至，然心向往之。余读孔氏书，想见其为人；适鲁，观仲尼庙堂车服礼器，诸生以时习礼其家，余祗回留之不能去云。天下君王至于贤人众矣，当时则荣，没则已矣；孔子布衣，传十余世，学者宗之；自天子王侯，中国言六艺者折中于夫子，可谓至圣矣！”[1] 司马迁虽然接续了孟子的评断以孔子为“至圣”，但是其立论根据却既不是“人伦之至”，也不是那些做官的学问，而是可知可徵的事实——“孔子布衣，传十余世，学者宗之；自天子王侯，中国言六艺者折中于夫子”，其“余读孔氏书，想见其为人”则明明白白地透露出与孟子的不同。

但是，即使是司马迁这样以“究天人之际、察古今之变”为怀抱的伟大史家，也还是没有涉及“智慧”；他把“天下君王至于贤人众矣，当时则荣，没则已矣；孔子布衣，传十余世，学者宗之”之间不可思议的反差突显了出来，但是没有想到从“孔氏书”中去揭示“之所以如此”的原因，也就是说，太史公的“想见其为人”缺失了非常重要的一环——智慧。

但无论如何，“从什么地方开始”这个问题有了答案，这就是太史公的“读孔氏书”——我们只能从《论语》开始。并且从太史公缺失了的那个环节开始——从“智慧”的纬度去“想见其为人”。

---

1 司马迁《史记·孔子世家》（第六册），第 1982 页，中华书局 1982 年。

第一章

有一种难以言说的悲凉筑就生命底色

德国大诗人歌德有句为世人熟知的名言：理论是灰色的，生命之树常绿；仿此，笔者想说，智慧是黑色的，生活之海永远蔚蓝。

人的生活浸透了辛酸和苦难，却充满了希望，呈现出蔚蓝的色调。但是，希望却来自于智慧，是那个叫做智慧的东西把人类生活的辛酸和苦难紧紧地拥抱在怀里，于是，希望诞生了，而智慧却因为浸透了辛酸和苦难变成了黑色。

当人们提到"智慧"这个词时，总是有一种崇尚和赞美的语气，但是，如果人们要真正认识和理解智慧，就一定要有充分的心理准备，它就像是无底深渊漆黑一团。当某个人由于幸运或者不幸而获得了智慧，他的生命就沁渗出一种难以言说的悲凉。

人不知而不愠，不亦君子乎。（《论语·学而》，下引《论语》只署篇名）

译文：人们不懂我，我却不恼怒，这不就是君子的风度吗。

不患人之不己知，患不知人也。（《学而》）

译文：我不担心人们不懂我，我担心的是不懂（这个世界上的）人。

不患无位，患所以立；不患莫己知，求为可知也。（《里仁》）

译文：我不担心没有官职可做，担心的是我有胜任那些官职的能力；我不担心没有人懂我，努力让世人认识到我的价值就行了。

不患人之不己知，患其不能也。（《宪问》）

译文：我不担心人们不懂我，我担心的是缺乏（与我的志向相符的）能力。

君子病无能焉，不病人之不己知也。（《卫灵公》）

译文：君子以没有（与其志向相符的）能力为耻辱，不以世人不知道他（的志向）为耻辱。

莫我知也夫！（《宪问》）

译文：这个世界上没有人懂我呵！

人们习惯于把孔子以上诸语从“励志”的角度去理解，以从中汲取面对人生困难的力量，这当然是值得赞许的。但是，如果我们不能了解孔子为什么会不厌其烦地自我激励，不能努力去体察孔子的心灵，我们根本就没有读懂这些话，就无法理解“励志”于人生是一件怎样的事情。所以，我们首先需要了解到底发生了一些什么，才使得孔子终身以无人相知为恨。

一

先来说说在世人眼中的孔子。

人生在世，见毁见誉，常常是说不清的事情，故“孟子曰：有不虞之誉，有求全之毁”。（《孟子·离娄上》）【译文：孟子说：有你意料之外的赞美，有指责你不够尽善尽美的诋毁。】但是，说到孔子，就更是毁誉莫测了。就像鲁迅说《红楼梦》——“单是命意，就因读者的眼光而有种种：经学家看见《易》，道学家看见淫，才子看见缠绵，革命家看见排满，流言家看见宫闱秘事……”[1] ——那样，在孔子当世，就因“读者”的眼光而有种种“命意”。

当然有相交深而相知切者，如卫国大夫蘧伯玉。虽然没有关于蘧伯玉如何看待孔子的史料记载，但孔子游历卫国时两次住在他家，对蘧伯玉的惺惺相惜之情总是溢于言表。孔子不仅赞其人“君子哉蘧伯玉！邦有道，则仕；邦无道，则可卷而怀之”，（《卫灵公》）【译文：好一个君子蘧伯玉！国家政治清明时，他出仕做官；国家政治黑暗时，他就韬光养晦不做官】就连他的使者，孔子也欣赏之极：

蘧伯玉使人于孔子。孔子与之坐而问焉，曰：夫子何为？对曰：夫子欲寡其过而未能也。使者出，子曰：使乎！使乎！（《宪问》）

译文：蘧伯玉派人来拜访孔子，孔子请使者坐下后问

---

1 《鲁迅全集》（第8卷），第179页，人民文学出版社2005年。

道：蘧伯玉先生在做些什么？使者回答说：先生想少犯些过错却未能如愿。使者离去之后，孔子感叹道：好一位使者！好一位使者！

蘧伯玉的使者深知蘧伯玉的为人，与孔子对话也以谦卑自牧而温文尔雅，淋漓尽致地传达出蘧伯玉的出使心意和人格风貌。在孔子看来，这个使者完美地诠释了“使于四方，不辱君命”（《子路》）【译文：出使各国，能够完成君主托付的使命】之意，所以连声赞美之。

当然也有所谓知音者，尽管不过是一面之缘。

仪封人请见，曰：君子之至于斯也，吾未尝不得见也。从者见之。出曰：二三子，何患于丧乎！天下之无道也久矣，天将以夫子为木铎。（《八佾》）

译文：孔子游历到了“仪”这个地方，当地的一个官员请求孔子接见，说：凡是有道德文章的人来到此地的，还没有过我见不到的。孔子的学生就把他引荐给了孔子。这个人出来后，对孔子的学生说：你们这些人何必担心无官可做呢！天下政治黑暗的时间够久了，孔子就是上天选来宣达其意愿的。

虽然两人谈了些什么不得而知，但是，“仪封人”初见孔子就服膺如此，真知音也！尤其是“出曰”一段话极有意味。

所谓木铎，按照古人的说法，是一种铜身木舌的摇铃，官府宣布重大事项时用来召集和警示民众的器具；而“患于丧”的意思是担心无官可做。

“仪封人”用上天的木铎来比喻孔子，既可以理解为：

上天要借孔子这个人来扭转乾坤、从天下大乱到天下大治；也可以理解为：上天借孔子的嘴来宣示怎样才能达到天下大治。联系到“二三子，何患于丧乎”一语看，应该是前一种意思，因为只有孔子掌握了政权，他的学生才可能人人有官可做。但是，从历史实际来看，孔子并没有掌握过治理天下的大权，倒确实是为中华民族确立了价值理想和生活原则，正可谓“天将以夫子为木铎”。

但无论“仪封人”的话是哪一种意思，也担得起“倾盖如故”这个词，这是一个真懂孔子的人。

但是，相交深而相知切者和一面之缘倾盖如故者以外，有些“读者”眼光中的“命意”就令人不寒而栗了。

子入大庙，每事问。或曰：孰谓鄹人之子知礼乎？入大庙，每事问。子闻之曰：是礼也！（《八佾》）

译文：孔子到了周公庙，每件事情都发问。有人说：谁说叔梁纥的儿子精通周礼呢？他来到周公庙，每件事情都向别人请教。孔子听到这话后说：这就是礼。

说话的人讥讽孔子是浪得虚名：孔子以“知礼”闻名于世，进了周公庙却凡事都要问个明白。那么，这到底是怎么一回事？事情的关键就在“是礼也”中。

何为“知礼”？在世人，所谓知礼者，系统而全面地掌握周礼的知识；所以，从“入大庙，每事问”可以推知，孔子于周礼的知识并不系统全面，所以传闻不可信。但是，在孔子，所谓知礼者，系统而全面地掌握周礼的知识固然是基础，躬身奉行周礼才是根本。

从字面上看，“知礼”的意思是“知道”—“礼”，对周礼有较为全面的知识；但其实际意思深入了一层，指不仅“知道”一“礼”，而且躬身奉行周礼。“知道”一“礼”和躬身奉行周礼是递进的两件事，躬身奉行周礼当然以“知道”一“礼”为前提，但是“知道”一“礼”却可以并不躬身奉行周礼。在孔子的时代，人们并不刻意区分这两层意思，后世儒家则从中发展出了“知行之辩”这一理论主题。

“入大庙，每事问”，正是躬行“礼”也。其一，周公为鲁国开国之君，孔子为鲁国后世之民；其二，周公制礼作乐，是孔子衷心服膺的圣人，以至于“甚矣吾衰也！久矣吾不复梦见周公”，（《述而》）【译文：我太老了！我已经很久没有梦见周公了】周公几乎成了孔子生命的精神支柱；故以后生小子之身份进谒其庙，以“每事问”致其敬意。如果以“知礼”自居而入周公庙，妄加议论，则成何体统！

从孔子的立场看，世人所谓知礼者，正是买椟还珠了。但从世人的立场看，孔子之浪得虚名实在可鄙，于是就有了“鄹人之子”这一称谓。孔子的父亲叔梁纥曾经做过“鄹”这个地方的大夫，按照当时人的习惯，可以把叔梁纥称为“鄹人”；但是批评孔子浪得虚名却牵扯出了孔子的父亲，就很有些不怀好意。那么，对于以躬身奉行为“知礼”的孔子来说，固然可以用“是礼也”来回应世人的质疑，但是内心的苦涩恐怕就难以言表了。

在与他人的交往中，内心的苦涩往往会驱使人变得具有攻击性；但是，以躬身奉行为“知礼”的孔子却能转化为一种高贵的冷幽默。

先来说说孔子在与他人交往中是怎样在坚持自己原则

的前提下、尽可能地淡化否定和攻击色彩的。

太宰问于子贡曰：夫子圣者与？何其多能也？子贡曰：固天纵之将圣，又多能也。子闻之，曰：大宰知我乎！吾少也贱，故多能鄙事。君子多乎哉？不多也。（《子罕》）

译文：一个位居太宰的大官向孔子的弟子子贡请教：孔子大概就是传说中的圣人吧？为什么他如此多才多艺呢？子贡回答说：当然是上天让他成为圣人，而且让他多才多艺。

孔子听到这件事，说：太宰真是懂我的人呵！我小时候穷困，所以学会了不少谋生的本事。对于一个君子来说，这些本事算是多吗？恐怕不能算是多吧。

太宰与子贡的对话中包含着一个重大的分歧：什么是“圣人”？在太宰看来，多才多艺的人就是圣人了；但是在子贡看来，圣人之“高”之“大”，岂是所谓多才多艺者所能望其项背。所以，子贡的答辞中加了个“又”字，是说孔子确实是圣人，并且多才多艺。

然而，孔子听说了太宰与子贡的这番对话以后的评论更意味深长，值得好好玩味。孔子对子贡以他为圣人、而且多才多艺之语未置可否，却接着太宰的“多才多艺”往下说，那番话的潜台词是：我那些被生活逼出来的谋生本事与“圣人”毫无关系，却被太宰看上了，真是难得；不过，那些谋生的本事对于一个“君子”来说总是多多益善的。

当然，孔子“君子多乎哉？不多也”一语通常并不解释为“对于一个君子来说，这些本事算是多吗？恐怕不能算是多吧”，如朱熹解释为“且多能，非所以率人，故又言君子不必多能以晓之”。[1] 意思是，孔子并不以自己的多才多艺而夸耀于人，所以告诫说君子是不需要多才多艺的。

但是，根据孔子的“质胜文则野，文胜质则史。文质彬彬，然后君子”，（《雍也》）【译文：德性修养虽好、文采修为不足的，其为人难免粗鄙；文采修为虽好、德性修养不足的，其为人难免轻浮。只有德性修养和文采修为都达到了很高水平、且融会贯通的，才称得上“君子”】乃至于“若臧武仲之知，公绰之不欲，卞庄子之勇，冉求之艺，文之以礼乐，亦可以为成人矣”，（《宪问》）【译文：如果具有臧武仲那样的聪明才智，像卞庄子那样勇敢，像孟公绰那样清心寡欲，像冉求那样多才多艺，再修习《礼》、《乐》（养成全面的文采修为），大概可以算是完善的人了】应该说，朱熹的解释不足为凭。杨伯峻据朱熹把“君子多乎哉？不多也”翻译为“真正的君子会有这么多的技巧吗？是不会的”，[2] 则把朱熹解释之牵强和盘突出了——真正的君子居然是以谋生的本事少为标识之一的？

对太宰并不中肯的夸赞，孔子给予了极为中肯的回应。首先孔子点明了自己贫寒的出身，并且把多才多艺归结于这样的出身，从而反过来肯定了太宰的胸襟：一个富贵之人，居然能看见和欣赏我这种人的多才多艺，可见其有容乃大。其次，尽管子贡关于“多才多艺”不是“圣人”的标识算得上“正见”，但似乎有些锋芒，也就是以太宰为“谬见”，孔子巧妙地转圜道：“多才多艺”虽然不是“圣人”的标识，但它是“君子”的标识。

1　朱熹《四书章句集注》，第105页，中华书局2011年。

2　杨伯峻《论语译注》，第88页，中华书局1980年。

人总是乐闻赞美而恶闻批评的，然而，在对待“有不虞之誉，有求全之毁”时其为人就高下立现了。孔子既谢绝了太宰的不虞之誉，又以自己的出身贫寒来衬托太宰的博大胸襟，至于太宰究竟是否真的有此胸襟则并不重要，这就是“君子成人之美，不成人之恶；小人反是。”（《颜渊》）【译文：品性高贵的人乐于成全别人的好事，不做落井下石一类的事情；品性卑劣的人正好反过来。】进而，孔子既肯定了子贡的正见，又将这一正见的锋芒化解于无形。

在与不同立场、主张和见解交锋时，孔子一方面是坚持自己的原则，另一方面是尽可能地淡化否定和攻击的色彩。但是，世人却常常以否定和攻击异己者为快，孔子又该怎么办呢？

达巷党人曰：大哉孔子！博学而无所成名。子闻之，谓门弟子曰：吾何执？执御乎？执射乎？吾执御矣。（《子罕》）

译文：达这个地方有人评论孔子说：真是了不起呵，这个孔子！学过那么多东西，却一事无成。孔子听说了这话，就对他的学生说：（如果我要以某事成名的话，）我该做什么呢？我是该驾车？还是该射箭？我觉得还是驾车比较好。

除了“知礼”，孔子还以“博学”闻名于世。但在达巷党人看来，一个人读了那么多的书、学过那么多的本事，却不能以一技之长名世，如养由基之善射、王良之善御或师旷之善律，真是可笑复可悲，故出语讥诮。

如果说以“是礼也”来回应“孰谓鄹人之子知礼”，诠释了“人不知而不愠，不亦君子乎”；那么，以“吾何执？

执御乎？执射乎？吾执御矣”来回应“大哉孔子！博学而无所成名”就不得不让人拍案叫绝：孔子用冷幽默的方式来调侃自己，真正是雍容之极了。

在世间大多数人看来，人生在世，名利二字，像孔子如此“多能”，却未能换得功名利禄，真正是书呆子一个。孔子回应的绝妙之处在于，无条件地肯定了“大哉孔子！博学而无所成名”一语中的价值判断，煞有其事地做出思考状：为了“成名”我真的该做点什么了，踌躇不定的是：我是该驾车呢？还是该射箭呢？终于下定了决心：我觉得还是驾车比较好！

这才是货真价实的冷幽默！面对“求全之毁”之讥诮，既不怒目圆睁、也不庄语辨正，却迎其锋芒悠悠后退一步，还是一派云淡风轻。然而，若无雷霆万钧之力，又何来这云淡风轻？

微生亩谓孔子曰：丘何为是栖栖者与？无乃为佞乎？孔子曰：非敢为佞也，疾固也。（《宪问》）

译文：微生亩对孔子说：你为什么老是栖栖惶惶奔走列国？莫非是为了显耀你的口才？孔子回答：我不敢自以为有口才，我不过是讨厌那些顽冥不化的人。

微生亩的态度非常倨傲，直呼孔子其名“丘”而与之言，已是居高临下之势，其攻击性用语背后还捎带着贬抑：你这样东奔西跑的，不就是为了图谋些功名利禄吗！这个微生亩够利害！

相对于以冷幽默来回应求全之毁，我们看到，在面对肆无忌惮的攻击时，孔子的态度依然平和，在语义上则针尖对麦芒，机锋却更为凌厉：我如此东奔西跑，无非是希望这个世界上少一些像你这样顽冥不化的人。以平和的态度传递出凌厉的机锋，不带一丝烟火气，已是高明之极，而堂堂正正地正面反击且一招封死对手，且就事论事毫无粘连，其力度的拿捏妙到毫颠，真正是叹为观止了。

原壤夷俟，子曰：幼而不孙弟，长而无述焉，老而不死，是为贼！以杖叩其胫。（《宪问》）

译文：原壤张开两条腿坐在地上等着孔子。孔子责备说，（你这个人，）从小就无德行，一辈子浑浑噩噩，却活了这么大岁数，白白糟蹋了那么多粮食，真是个祸害。用拐杖敲了敲原壤的小腿。

原壤是孔子的老熟人，也是后世如庄子者的前辈，每每有居丧而歌的“非礼”举止，故“夷俟”以待孔子，姿态不雅之极。

既然是孔子的老熟人，当然知道孔子一生服膺周礼，故“夷俟”之举止就超过言语的攻击而接近行为的挑衅。孔子这回就不那么平和了，既然原壤仗着是老熟人来挑衅，正所谓来而不往非礼也，就以彼之道还施彼身，直斥其为老不尊的丑陋。

也许在大多数人的心目中，口口声声讲“仁”讲“礼”的孔子不过是个好好先生，这实在是莫大的误解。“唯仁者能好人，能恶人”，（《里仁》）【译文：只有有仁德的人才能真正做到喜爱人和厌恶人】“仁者”之为“仁者”，根本不是什么好好先生，而是“好”其所当“好”，“恶”其所当“恶”的人，也就是以“仁”为“好”、以“仁”为“恶”

的人。尽管以“仁”为“好”、以“仁”为“恶”首先是用来律己的——“我未见好仁者，恶不仁者。好仁者，无以尚之；恶不仁者，其为仁矣，不使不仁者加乎其身”（《里仁》）【译文：我没有见到过以“仁”为“好”、以“仁”为“恶”的人。以“仁”为“好”，就是把“仁”当作高于一切的东西；以“不仁”为“恶”，就是在追求“仁”的过程中，拒绝一切“不仁”的东西】——但是，对于那些以非礼而自高、以无耻而骄人的“不仁”之举，鲜明地表达出其应得的厌恶，也是“仁者”之所当为者。既然原壤以“夷俟”之举止来挑衅，那么，在用言语直斥其为老不尊的丑陋之外，孔子还在行为上回应以“以杖叩其胫”，其“恶人”可谓刚烈！

说到“唯仁者能好人，能恶人”，就不能不提到至今仍然甚为流行的对孔子的误读或误解，这就是应当怎样对待所遭受不公平伤害的问题。

或曰：以德报怨，何如？子曰：何以报德？以直报怨，以德报德。（《宪问》）

译文：有人对孔子说：用恩惠来回报伤害，怎么样？孔子说：那又拿什么来回报恩惠呢？（应当）用公正（的报复）来回报伤害，用恩惠来回报恩惠。

“以直报怨”的意思是，以伤害来回报伤害，但是其回报必须“直”。这个“直”字，含义颇为复杂，请尝试论之：一，直截了当，也就是当面锣对面鼓地报复，不玩阴的；二，直来直去，也就是就事论事地报复，不捎带上别的恩怨；三，正直公平，也就是报复不过分，给予伤害者足够的惩戒即可。这个“直”字，用意颇为讲究：一，公正，也就是让伤害者感受到被伤害的痛苦——在低于他所施予伤害的烈度上；二，理性，也就是报复的行为尽可能不受情感和情绪的干扰。

孔子讲“以直报怨”，“以杖叩其胫”就是一例。但是，说不清从什么时候开始，中国人把老子的“报怨以德”（《老子·第63章》）安放在了孔子身上，坐实了孔子的好好先生形象，成为孔子的又一桩历史冤案。这桩冤案的离奇之处在于，老子讲“报怨以德”，其含义极其简单，其用意极为曲折——与“以直报怨”正好相反。

不去纠缠孔子“以直报怨”与老子“报怨以德”之间的种种不同，回到他人眼光中的“命意”上来。

并不是所有伤害都能“以直报”之，也不是任何伤害都需要“报”之。在憎恶孔子的人中，微生亩和原壤一类恐怕还是说得过去的，起码他们还愿意与孔子交流，而另一类“读者”眼光中的“命意”才真正是不堪。

太史公云：“孔子适郑，与弟子相失，孔子独立郭东门。郑人或谓子贡曰：东门有人，其颡似尧，其项类皋陶，其肩类子产，然自要以下不及禹三寸。累累若丧家之狗。子贡以实告孔子。孔子欣然笑曰：形状，末也。而谓似丧家之狗，然哉！然哉！”[1]

这个郑国人贬损孔子的手法够辛辣：“东门那儿有一个人，额头长得像尧，脖子长得像皋陶，肩膀长得像子产，就是从腰部以下比禹短了三寸。那个栖惶无主的神态，活像一条丧家犬。”尧、皋陶、子产和大禹都是大英雄，是为

1　司马迁《史记》（第六册），第1921－1922页，中华书局1982年。

中华民族做出过大贡献而彪炳史册的大人物，这个郑国人先是分别以不同的部位把孔子比拟为这些大人物，再说只有一个部位差了一点点，然后直转急下，以丧家犬比拟神态之低贱卑微。

这个郑国人着力于形神之间的对比而极尽夸张之能事，话说得非常形象生动，令人拍案叫绝。然而，此人与孔子之间想必毫无关系，又是从什么地方有了如此的憎恶，还有这样的一吐为快的冲动，则不得不令人感到匪夷所思了！然而，这就是孔子的真实际遇。

更为令人拍案叫绝且匪夷所思的是孔子。按常理说，一个人莫名其妙地遭人恶意诋毁，总难免义愤填膺而痛苦莫名，孔子却“欣然笑曰”而“然哉”，说“长相如何，那是小事。那个人说我活像一条丧家犬，说的真是好！说的真是好！”——那张脸还是云兴霞蔚般的春意盎然，那颗心还是万壑争流中的柔情似水，所谓“岁寒，然后知松柏之后凋也”（《子罕》）【译文：天寒地冻时，才知道松树柏树是最后凋零的】之冷峻与所谓“仁者爱人”（《孟子·离娄下》）之热烈居然浑然一体，而“知者不惑，仁者不忧，勇者不惧”（《子罕》）【译文：“仁者”没有忧虑，“智者”不会困惑，“勇者”无所畏惧】者跃然纸上矣。

二

说过了世人看待孔子眼光中的种种“命意”，再来说说孔门弟子。

按常理说，孔子亲炙的弟子应该个个都常怀拳拳服膺之心而夙有俯地追随之志，但同样按常理说，如果孔门弟子真的个个常怀拳拳服膺之心而夙有俯地追随之志，那孔子为什么几乎是终生都在悲吟着“莫我知也夫”？可见，这件事情“按常理说”是说不通的。

还是先说对孔子的正面评价，这需要从孟子说起。

孟子服膺孔子如斯，乃自称“予未得为孔子徒也，予私淑诸人也”。（《孟子·离娄下》）【译文：我不可能亲身受教于孔子，我是（倾慕孔子其人其学、私下里）从别人处学来的】孟子“私淑”孔子，不仅在中国思想史和教育史上是一段佳话，而且对于儒家的“道统说”也具有特别的重要性，这些都按下不表，要说的是情感的投射给孟子戴上的有色眼镜。

孟子仰慕孔子之极，所以在想象中认为亲炙于孔子者个个与他一样；在孟子的笔下，“知”孔子者，孔门诸弟子也，以至于孟子夸赞孔子时常常借助其口，以显示其权威性。

“昔者孔子没，三年之外，门人治任将归。入揖于子贡，相向而哭，皆失声，然后归。子贡反，筑室于场，独居三年，然后归。他日子夏、子张、子游，以有若似圣人，欲以所事孔子事之，强曾子，曾子曰：不可！江汉以濯之，秋阳以曝之，缟缟乎不可尚已。”（《孟子·滕文公上》）【译文：想当年，孔子去世以后，弟子们为孔子守孝三年后，要回家了。向子贡作揖道别，面对面地哭着，都泣不成声，然后回去了。子贡回到墓地，在边上建造了一座墓庐，一个人又守孝三年，然后回去了。此后的一天，子夏、子张和子游觉得有若的相貌有点像孔子，就想把有若当做孔子来侍奉，并且强迫曾参同意。曾参说：这绝对不行！就像在长江和汉水中洗涤过，在夏日（译注：周历之秋即夏历之

夏）的阳光下暴晒过，（我的身心）如此洁静，无法再接纳其他人！】

先说为孔子服丧的事情。按照周礼，只有父母去世，才需要服丧三年；按照孔子的说法，这是因为“子生三年，然后免于父母之怀。夫三年之丧，天下之通丧也”。（《阳货》）【译文：子女出生后，要三年才能脱离父母的怀抱。（所以，相对应的，）为父母服丧三年，全天下都是一样的】。孔门弟子为孔子服丧三年，是视孔子为父母；但子贡再服一个三年，此举就很值得商榷了。

一，如果子贡为其父母只服丧三年，则父母被置于何地！尊师长而抑父母，这不是儒家的规矩；二，如果子贡也为其父母服丧六年，则也违背了儒家的规矩——“欲轻之于尧舜之道者，大貉小貉也；欲重之于尧舜之道者，大桀小桀也。”（《孟子·告子下》）【译文：（收税）打算比尧舜的规矩（税率为地产的十分之一）少的，是（文明尚未开化的）大貉小貉；（收税）打算比尧舜的规矩多的，是（荒暴无度的）大桀小桀。】

孟子自己说，超过了周礼规制，就是与桀纣同流合污；可是，孟子说到子贡为孔子服丧六年，一派赞赏的口吻，难逃自相矛盾的指责！

二，再说要侍奉有子的事情。子夏、子张和子游三人想把有若当做孔子来侍奉，这在今天可以解释为这三个人有恋父情结，并且孔子才是他们心目中的父亲。事情到了这个份上，当然说明了孔门弟子对孔子的爱戴到了何等地步。但接下来的事情就有戏剧性了：曾参认为，我心目中真正的父亲只有一个，是不可能被替代的，所以没办法接受一个赝品。于是，与曾参相比，那三个人对孔子的爱戴就成了赝品。

有两件事情已经明确了：一，孟子对孔子爱戴之极、仰慕之极；二，这种爱戴和仰慕让孟子戴上了有色眼镜，以至有自相矛盾之失和戏剧化叙事之“得”。

接着说孟子的有色眼镜。

宰我、子贡、有若，智足以知圣人，污不至阿其所好。宰我曰：以予观于夫子，贤于尧舜远矣。子贡曰：见其礼而知其政，闻其乐而知其德，由百世之后，等百世之王，莫之能违也。自生民以来，未有夫子也。有若曰：岂惟民哉，麒麟之于走兽，凤凰之于飞鸟，泰山之于丘垤，河海之于行潦，类也。圣人之于民，亦类也。出于其类，拔乎其萃；自生民以来，未有盛于孔子也。（《孟子·公孙丑上》）

译文：宰我、子贡和有若，这三个人的聪明才智足以理解孔子（是一个怎样的人），即使有什么不足之处，也不至于曲意奉承孔子。(所以，他们对孔子的评价是可信的。)

宰我说：在我看来，孔子比尧舜强多了。

子贡说：见到一个国家的制度，就知道这个国家的政治生活；听到一个国家的音乐，就知道这个国家的道德水平。要再过一百代（人)，那时的人来评价历史上的君王，（才能清清楚楚地断定）没有一个君王违背了孔子的学说却能治理好国家的。自有人类以来，从未有过比得上孔子的人。

有若说：难道仅仅人类有高下的不同吗！麒麟与一般的走兽相比，凤凰与一般的飞鸟相比，泰山与土堆相比，江海与小溪相比，何尝不是同类。圣人与普通的老百姓，也是同类。远远地超出了他的同类，高高地标识着人的尊贵；自从有人类以来，还没有比孔子更加完美的人。

这段话同样托口于孔门弟子，说了两件事情，一是孔子的大智慧和其学说之真理性，二是孔子的伟大无人比肩。这里也有两点值得说说：一，这三个人都把孔子心目中的“圣人”尧舜否定掉了，孔子地下有知，肯定要不同意的；二，根据《论语》的记载，宰我、子贡和有若是否真的“智足以知圣人，污不至阿其所好”是需要好好商榷一番的。

限于篇幅，只说宰我。上文引用了孔子解说为父母服丧三年的事情，就出于与宰我的对话：

宰我问：三年之丧，期已久矣。君子三年不为礼，礼必坏；三年不为乐，乐必崩。旧谷既没，新谷既升，钻燧改火，期可已矣。子曰：食夫稻，衣夫锦，于女安乎？曰：安。女安则为之！夫君子之居丧，食旨不甘，闻乐不乐，居处不安，故不为也。今女安，则为之！宰我出。子曰：予之不仁也！子生三年，然后免于父母之怀。夫三年之丧，天下之通丧也。予也，有三年之爱于其父母乎？（《阳货》）

译文：宰我问孔子：为父母服丧三年，时间太长了。君子三年不习礼，礼制必定会废弃；君子三年不习乐，乐章必定会失传。（在我看来，）去年收的粮食吃完，今年的粮食就要收割了；打火用的不同木头也完成了一个轮回，为父母服丧一年比较恰当。

孔子说：（照你这么说，父母去世的第二年和第三年，就可以）吃白米饭、穿锦缎衣，如果是你，会心安理得吗？宰我说：我会。孔子说：既然你心安理得，那就这么做吧。（但是）所谓君子者，为父母服丧，再好吃的美味也食之无味，再好听的乐章也充耳不闻，整日里忧伤悲切，所以不会吃白米饭、穿锦缎衣。既然你能够心安理得地吃白米饭、穿锦缎衣，那你就这么做吧。

宰我走了以后，孔子说：宰我真是毫无仁心仁德呵！子女出生后，要三年才能脱离父母的怀抱。（所以，相对应的，）为父母服丧三年，全天下都是一样的。这个宰我呵，难道没有得到过父母的三年怀抱吗？

宰我在孔门弟子中以能言善辩著称，名列子贡之前（见《先进》），与孔子的这段对话可见一斑。

孔子一生志在克己复礼，以礼乐为瑰宝，故宰我以“三年不为礼，礼必坏；三年不为乐，乐必崩”为说辞，来说明为父母服丧只可一年的必要性，不仅矛头直指孔子，而且辩锋凌厉。孔子不得不避其锋芒，统三年之期来反问“食夫稻，衣夫锦，于女安乎”，言辞已落下风。宰我既然主张一年之丧，自然回答说心安理得，孔子反倒无言以对；只能等到宰我走了以后，谴责宰我“不仁”，再以“子生三年，然后免于父母之怀”为三年之丧的根据。

其实，宰我在《论语》中的形象都是负面的，著名的还有：

宰予昼寝，子曰：朽木不可雕也，粪土之墙不可杇也，于予与何诛。子曰：始吾于人也，听其言而信其行；今吾于人也，听其言而观其行。于予与改是。（《公冶长》）

译文：宰我在大白天睡觉。孔子说：腐烂的木头无法雕刻，粪土垒成的墙壁无法平整，对于宰我，我能说什么呢！又说：以前，我对待他人的方式是，他说了些什么，我就相信他一定会这么做；如今，我对待他人的方式是，听他说了些什么，接下来就看他到底是怎么做的。就是因为宰我，我才有了这样的改变。

孔子对待宰我的态度是不是有点过于苛刻，这一点尽可以讨论，但是说孟子说宰我“智足以知圣人，污不至阿其所好”，则无法令人相信。看来，孟子的有色眼镜还有点偏光。

公平地说，孟子借子贡、有若之口说“自生民以来，未有盛于孔子也”不为无据。如《论语》中记载：“叔孙武叔毁仲尼。子贡曰：无以为也，仲尼不可毁也。他人之贤者，丘陵也，犹可踰也；仲尼，日月也，无得而踰焉。人虽欲自绝，其何伤于日月乎？多见其不知量也！”（《子张》）【译文：（孔子去世后，）叔孙武叔贬毁孔子，子贡说：你不要这样！孔子是贬毁不了的。别人的贤明，就好像低矮的山丘，是可以超越的；仲尼，简直就是太阳和月亮，不可能超越。如果有人要自绝于太阳和月亮，能伤害太阳月亮一丝一毫吗？只是暴露他的不自量罢了。】再如，陈亢“谓子贡曰：子为恭也，仲尼岂贤于子乎？子贡曰：君子一言以为知，一言以为不知，言不可不慎也！夫子之不可及也，犹天之不可阶而升也。夫子之得邦家者，所谓立之斯立，道之斯行，绥之斯来，动之斯和。其生也荣，其死也哀，如之何其可及也！”（《子张》）【译文：（陈亢）对子贡说：您是恭敬谦让吧，孔子怎么会比您了不起呢？子贡说：（作为）君子，（应该牢牢记住：）一句话就能表现出他是一个有“智德”的人，一句话也能表现出他是一个没有“智德”的人，（所以）说话不能不谨慎！他老人家是别人不可能赶上的，就像不可能搭梯子登天一样。他老人家如果得国而为诸侯、得采邑而为卿大夫，必定就像我们说的：让老百姓自立，老百姓就能人人自立；只要引导，老百姓就能人人前进；安抚之政行，老百姓就会从远方来投靠；动员之令出，老百姓就会齐心协力去做。他老人家生前可谓荣耀无比，死后令人哀伤无止，（你）怎么能（说他老人家）能够赶得上啊！】

可见，在孔门弟子中，尊孔子为圣人者确实大有人在。但是，子贡眼中“圣人”的“命意”究竟是什么？与孔子眼中的“命意”相同、甚至相近吗？如果这两种“命意”南辕北辙，说子贡“智足以知圣人”也同样是“偏光”了。这一点稍后再来讨论，现在要说的是在一些孔门弟子眼中别样的“命意”，却被孟子的有色眼镜过滤掉了。

陈亢问于伯鱼曰：子亦有异闻乎？对曰：未也。尝独立，鲤趋而过庭，曰：学诗乎？对曰：未也。不学诗，无以言。鲤退而学诗。他日又独立，鲤趋而过庭，曰：学礼乎？对曰：未也。不学礼，无以立。鲤退而学礼。闻斯二者。陈亢退而喜曰：问一得三，闻诗，闻礼，又闻君子之远其子也。（《季氏》）

译文：陈亢问孔子的儿子伯鱼：你父亲为你开小灶吗？伯鱼回答：没有。有一次他老人家一个人站在厅堂前，我低头快步走过，他问我：你学《诗》了没有？我说：还没有。他说：不学《诗》，就说不好话。我回去后就开始学《诗》。

又一天，还是他一个人站在厅堂前，我低头快步走过，他问我：学《礼》了没有？我说：还没有。他说：不学《礼》，就不能立身于世。我回去后就开始学《礼》。从他老人家那儿听到过的教诲只有这两次。

陈亢回去后非常高兴，说：我问了一件事，却知道了三件事：学《诗》的好处、学《礼》的好处和君子要与自己的儿子保持距离。

陈亢一句“子亦有异闻乎”足见其用心龌龊，朱熹评论说“亢以私意窥圣人，疑必阴厚其子”，[1] 意思是：陈亢以小人之心度圣人之腹，疑心孔子私下里给自己的儿子开小灶。在听到伯鱼的回答后有“问一得三”之“喜”，则见其人已不堪教化，虽然身置孔门，却除了利害得失别无所念。

但可以肯定的是，“以私意窥圣人”的弟子绝不止陈亢一人，否则孔子不会如此自辩清白：

子曰：二三子以我为隐乎？吾无隐乎尔！吾无行而不与二三子者，是丘也。（《述而》）

译文：孔子对他的学生们说：你们认为我把压箱底的东西藏着掖着吗？我没有啊！我做任何事情都对你们坦诚相见，这就是我孔丘的为人。

看来，问题有点严重，对于孔子“藏私”的事情已经是议论纷纷了，逼得孔子不得不主动对“二三子”做出告白。

那么，那些弟子怀疑孔子秘不示人的东西是什么呢？今天当然无法确考，但在《论语》中还是有端倪可寻，“子贡曰：夫子之文章，可得而闻也；夫子之言性与天道，不可得而闻也”。（《公冶长》）【译文：子贡说：他老人家的为人为学，我们都能（看得到）听得到；他老人家言说性与天道，那是我们从未听过的。】

1　朱熹《四书章句集注》，第162页，中华书局2011年。

“性与天道”一词在《论语》中仅此一见，是子贡对孔子学说的理论概括。而子贡在理论上概括出孔子学说以后，又惊奇地发现，老师从来没有传授过这方面的知识！于是，疑心生暗鬼了。

所以，孟子说子贡“智足以知圣人”实在牵强。

子曰：赐也，女以予为多学而识之者与？对曰：然，非与？曰：非也，予一以贯之。（《卫灵公》）

译文：孔子（对子贡）说：赐呵，你认为我是一个学习努力、而且记忆力很好的人吗？子贡说：是的，难道不对吗？孔子说：不是的，我（的学说中）有一个基本原则贯穿在其中。

孔子真的了不起，居然能够“看见”子贡心中的“命意”：你孔子不过就是学习比别人勤奋，记忆力也比别人好，然后把你学过、记住的东西教给我们罢了。

这其实也不能全怪子贡，“子曰：述而不作，信而好古，窃比于我老彭”，（《述而》）【译文：孔子说：只传述古人的学说而不自创新说，笃信而喜好古人创造的文明，私心自比于老彭（译注：无法确知指谁）】既然你老人家自己说只会炒冷饭，我当然认为你是“多学而识之者”。这会儿你老人家又自辩说：尽管我传授的知识都来自于古人，但是贯穿在这些知识中还有一个“道”在。

正是因为子贡“智不足以知圣人”，所以才会游移两歧：一会儿觉得孔子就是个炒冷饭的，一会儿又觉得孔子秘不示人“性与天道”的知识。如果子贡真的“智足以知圣人”，就能够从孔子的“述”中体会到贯穿在其中的“一以贯之”之“道”。

尽管子贡对他推崇之极，但孔子恐怕还是得说：这个世界上没有人懂我呵！进而，与子贡相比，子路眼中的“命意”则让孔子难堪之极。

子见南子，子路不说。夫子矢之曰：予所否者，天厌之！天厌之！（《雍也》）

译文：孔子去见了南子，子路很不高兴。孔子赌咒发誓道：我要有一点坏心思，天打五雷轰！天打五雷轰！

这是孔子居留在卫国发生的事情。当时卫国的国君是卫灵公，非常宠幸其夫人南子，南子在卫国当了大半个家，偏偏这个南子还以淫荡著称于世。孔子去见南子，为什么？发生了什么？在子路看来，孔子居然去拜见那个臭名昭著的坏女人，居心何在！

在这种事情上被自己的弟子怀疑为居心龌龊，孔子的内心中就不仅是悲凉、悲哀，恐怕还有绝望了。

可是，孔子怎么才能证明自己的用心可昭日月呢？没法证明！人世间第一不可能的事情就是“证明”行为的动机，人世间第一无奈的事情则是必须向他人证明自己行为的动机，既然必须“证明”的恰恰是不可能证明的事情，那就只能赌咒发誓“天打五雷轰”了。

“予所否者，天厌之！天厌之！”除了激愤、焦躁和苦痛，一定还有某种深入骨髓的孤独感在啃啮着孔子的心吧。

通过对《论语》和《孟子》的比较可知，与《孟子》中只有弟子们对孔子的夸赞不同，《论语》中的孔子却是常常被弟子们怀疑的，乃所谓“莫我知也夫”。

三

其实，诸弟子中还是有懂得孔子的人，我们接着说。

子曰：道不行，乘桴浮于海。从我者，其由与？子路闻之喜。子曰：由也好勇过我，无所取材。（《公冶长》）

译文：孔子说：我的“道”行不通了，我就扎个木筏漂洋过海（归隐）去。跟随我的，大概只有子路了吧。子路听到这话，很是高兴。孔子说：子路这个人比我还喜好逞狠斗勇，这就没有什么可取之处了。

在孔子，“道不行，乘桴浮于海。从我者，其由与？”已是浸透悲凉之语，但还是为自己保留了一丝欣慰。接下来的“子路闻之喜”，却整个儿是焚琴煮鹤似的煞风景了，子路之“喜”简直是对孔子悲凉的反讽，所以孔子只得讪讪地自我解嘲道：“由也好勇过我，无所取材。”

那么，孔子如果真的到了“乘桴浮于海”的地步，会出现“从我者，其由与”这一幕吗？恐怕未必！

在陈绝粮，从者病，莫能兴。子路愠见曰：君子亦有穷乎？子曰：君子固穷，小人穷斯滥矣。（《卫灵公》）

译文：在陈国（被围困），已经没米下锅了，跟随孔子的人都病倒了，站都站不起来。子路来见孔子，气呼呼地说：我们不是所谓君子吗！怎么会混得这么惨？孔子说：君子本来就命运蹇舛，不同于小人，人生一不顺利就随波逐流了。

《论语》对这件事情的记载颇为简略，司马迁在《孔子世家》中的记述详尽得多，意思也显豁得多。先照录如下：

孔子迁于蔡三岁，吴伐陈。楚救陈，军于城父。闻孔子在陈蔡之间，楚使人聘孔子。孔子将往拜礼，陈蔡大夫谋曰："孔子贤者，所刺讥皆中诸侯之疾。今者久留陈蔡之间，诸大夫所设行皆非仲尼之意。今楚，大国也，来聘孔子。孔子用于楚，则陈蔡用事大夫危矣。"于是乃相与发徒役围孔子于野。

不得行，绝粮。从者病，莫能兴。孔子讲诵弦歌不衰。

子路愠见曰："君子亦有穷乎？"孔子曰："君子固穷，小人穷斯滥矣。"

子贡色作。孔子曰："赐，尔以予为多学而识之者与？"曰："然。非与？"孔子曰："非也。予一以贯之。"

孔子知弟子有愠心，乃召子路而问曰："诗云：匪兕匪虎，率彼旷野。吾道非邪？吾何为于此？"子路曰："意者吾未仁邪？人之不我信也。意者吾未知邪？人之不我行也。"孔子曰："有是乎？由，譬使仁者而必信，安有伯夷、叔齐？使知者而必行，安有王子比干？"

子路出，子贡入见。孔子曰："赐，诗云：匪兕匪虎，率彼旷野。吾道非邪？吾何为于此？"子贡曰："夫子之道至大也，故天下莫能容夫子。夫子盖少贬焉？"孔子曰："赐，良农能稼而不能为穑，良工能巧而不能为顺。君子能修其道，纲而纪之，统而理之，而不能为容。今尔不修尔道而求为容。赐，而志不远矣！"

子贡出，颜回入见。孔子曰："回，诗云：匪兕匪虎，率彼旷野。吾道非邪？吾何为于此？"颜回曰："夫子之道至大，故天下莫能容。虽然，夫子推而行之，不容何病！不容然后见君子！夫道之不修也，是吾丑也；夫道既已大修而不用，是有国者之丑也。不容何病？不容然后见君子！”孔子欣然而笑曰：“有是哉，颜氏之子！使尔多财，吾为尔宰。”

于是使子贡至楚。楚昭王兴师迎孔子，然后得免。[1]

事情的经过如下：孔子居留蔡国的第三年，吴国出兵攻打陈国。楚国出兵帮助陈国，军队驻扎在城父。楚国听说孔子居留在陈国和蔡国，就派来使者邀请孔子。孔子打算接受楚国的邀请，陈国和蔡国的当权者们知道了此事，就商议对策：孔子是有大本事的人，他揭示各国政治的痼疾一针见血。近几年他居留在陈国和蔡国，对我们这些掌权者的所作所为很不以为然。现在，楚国来邀请孔子，那是一个实力雄厚的大国，如果孔子接受了楚国的邀请，（掌握了权力，）那我们这些人岂不都要完蛋！于是，他们约定了各自派手下人在郊野围困孔子，使得孔子无法去城父赴约。

于是，孔子一行“绝粮，从者病，莫能兴”，然而接下来的事情是——《史记》比《论语》多的一句——“孔子讲诵弦歌不衰”。这多出来的一句可以说是点睛之笔，孔子的雍容淡定跃然纸上矣，这也构成了后面与子路、子贡和颜回三人对话的背景，并且有了类似于电影蒙太奇的叙事效果。下面的对话可以称为“二觐三召”。

出于在下者的意愿面见在上者叫做觐见，取其恭敬之意也；所谓二觐，指子路与子贡主动去见孔子，言辞间虽

1　司马迁《史记》（第六册），第1930－1932页，中华书局1982年。

然毫无恭敬之意，但考虑到他们已经饿得半死，就不去计较其出语唐突而仍称之为“觐”。

子路“觐”孔子的对话已经解说过了，接下来子贡“觐”孔子的对话也见于《论语》，就是上文解说过的“子曰：赐也，女以予为多学而识之者与？对曰：然，非与？曰：非也，予一以贯之”。（《卫灵公》）这里只提醒读者注意太史公冠于这段对话之前的“子贡色作”四个字，也就是子贡为“君子亦有穷”发飙了。

出于在上者的意愿见在下者叫做召见，取其推重之意也。“孔子知弟子有愠心”，也就是满腹牢骚、人心浮动，不得不采取措施了，于是接连召见了子路、子贡和颜回，是谓三召。

三召都开始于同一个问题：“诗云：匪兕匪虎，率彼旷野。吾道非邪？吾何为于此？”“匪兕匪虎，率彼旷野”出于《诗经》中的《何草不黄》，孔子引用此句以为他提出“吾道非邪？吾何为于此”之“兴”，也就是借典章引出他自己的话题。在表达自己的意思之前先以典章“兴”之，这是当时有身份的人在正式场合，如外交会盟时说话的标准方式，可见孔子的三召是非常郑重的。翻译过来大致是：就像《诗经》中说的：我又不是犀牛、老虎一类的走兽，为什么成天在荒山野岭游荡；那么，这是因为我的“道”[1] 错了？所以我们才被困在这荒山野岭之中。

孔子的问题开门见山且单刀直入：请你思考和回答——对我的“道”还有多少信念？

---

1 这儿的“道”字包含孔子的政治理想、人生追求、价值原则和实践道路等等意思，如果硬要用现代汉语来对译，恐失其真，故不译。

事情到了这个份上，所谓图穷匕首见，子路诸人内心深处究竟是如何看待孔子及其“道”的，就毫无遮掩地向他自己呈现出来。进而，既然孔子把话说到了这个份上，所谓情急吐真言，子路诸人也就痛痛快快地把内心深处的感受说了出来。先把三个人的答辞和孔子的回应对译出来，然后再来赏析。

一，子路说：我的推测是，大概是我们没有真正做到“仁”，所以别人都不相信我们；大概是我们没有真正做到“智”，所以人们都不认同我们的所作所为。孔子说：真的是这样吗？如果“仁者”必然能够让别人都相信他是仁者，又怎么会有伯夷、叔齐的事情？如果“智者”必然能够让别人都相信他是智者，又怎么会有王子比干的事情？

二，子贡说：您的“道”是最伟大的，所以全天下都容不下您。您能不能把您的“道”稍微降低些？孔子说：端木赐，好的庄稼人能够种出好庄稼，但未必有一个好收成；好的手艺人能够做出好器物，但未必能够让主顾满意。君子能够以“道”律己，并且在天下推行“道”，以“道”为根本来约束天下人的心智，以“道”为统领来重建社会的基本秩序，但未必能够被天下人接受。如今你却放弃了推行“道”于天下的使命，以得到天下人的接受为志向。端木赐，你的志向有限呵！

三，颜回说：您的“道”是最伟大的，所以全天下都容不下。虽然全天下都容不下，但是您已经在天下推行您的“道”了，就算不被天下人接受，又有什么了不起呢！不被天下人接受，然后才能看到谁是真正的君子。不能以“道”律己，不能在天下推行“道”，那是我们的羞耻；既然以“道”律己已臻大成，并且努力在天下推行“道”，却不被接受，那是掌权者们的耻辱。不被接受又有什么了不起的？不被接受以后才能看到谁是真正的君子。孔子欣然而笑，说：还有这样的事情，老颜家的儿子！假如你是个有钱人，我给你当管家好了。

太史公真正是如椽巨笔，不仅把图穷匕首见之下三个人不同的思想逻辑揭示得清清楚楚，而且把情急吐真言之中三个人不同的情绪状态描写得真真切切。

子路是个直肠子，虽然平日里对孔子也是毕恭毕敬，但是到了这等时刻，就恨不得一剑封喉了。子路以“虚伪”质疑于孔子：您老人家口口声声说“仁”说“智”，如果您真的是“仁”，何至于没有人相信我们？如果您真的有“智”，何至于今日陷入被人围攻的境地？

子贡在孔门弟子中以能言善辩著称，与宰我齐名，说起话来总能让人心里舒坦。就算是到了这等时刻，仍然不忘先给孔子奉上一顶高帽子，然后再行劝诱之效。子贡的意思一言以蔽之：您老人家就别端着啦！

颜渊与子贡的话是一样的——“夫子之道至大，故天下莫能容”，不同的是，这在子贡不过是一顶高帽子，在颜渊则是真切的认知。所以颜渊揭示出了某种宿命般的真理：为天下立“道”的人必然不为天下人所容，只有在不为天下人所容之后，这个立“道”的人还能够坚守这个“道”，这个“道”才“立”得住，才真正是天下之“道”。

要之，置身于危难之中，子路以孔子之“道”未尽仁未尽智为招祸之源，子贡以孔子之“道”过于理想主义为困厄之本，唯有颜回，高举起理想主义的旗帜，视以身殉道为理所当然，而深契孔子“人能弘道，非道弘人”（《卫灵公》）【译文：孔子说：“大道”所在，有赖于人身体力行去弘扬；“大道”不是自在之物，不可能无需人之劳作，就能使人享有做人的尊严】之旨。

噫唏，人哉！有弟子如此，夫复何求！于是，孔子以一种冷幽默的方式调侃道：你要是个有钱人，我给你当管家好了。

于是，我们读懂了这些话：“圣人，吾不得而见之矣；得见君子者，斯可矣”，（《述而》）【译文：德性完善的人，我是看不到了；能看见有操守的人，就可以了】“德不孤，必有邻”，（《里仁》）【译文：德性高尚的人不会孤零零地存身于世，这个世界上必定还有同样的人（只是我们不知道罢了）】那是在深入骨髓的孤独之中升腾起的对生活的热爱和信心。两千多年以后，鲁迅说“绝望之于虚妄，正与希望相同”[1]，其精神底蕴正在于此。

孔子的一生浸透了一种难以言说的悲凉，鲁迅在《在现代中国的孔夫子》中说：“孔夫子的做定了‘摩登圣人’是死了以后的事，活着的时候却是颇吃苦头的。跑来跑去，虽然曾经贵为鲁国的警视总监，而又立刻下野，失业了；并且为权臣所轻蔑，为野人所嘲弄，甚至于为暴民所包围，饿扁了肚子。”[2] 但是今天必须紧接着鲁迅说的是，我们必须去追寻在孔子生命悲凉色调背后的“希望”，否则，我们就读不懂孔子，也读不懂作为中国人的自己。

---

1 《鲁迅全集》（第 2 卷），第 182 页，人民文学出版社 2005 年。

2 《鲁迅全集》（第 6 卷），第 326 页，人民文学出版社 2005 年。

第二章

有一种念兹在兹的关切奠基文明格局

“希望”于“人”，大致是这么一回事情：一，“希望”在一个人内心深处“萌生”，以自发性为其本质特征，哪怕身置无尽困厄之中，“希望”也能从“绝望”之中萌生，却不知其所以然者；二，所以，“希望”是“人”的标识，因为心存希望，所以我们是人，与此相应，心如死灰者就是行尸走肉；三，进而，一个人具有怎样的“希望”，就在同样的意义上成为一个“人”，“希望”不仅标识出“人”，而且标识出是一个什么样的人。

那么，对于孔子来说，“希望”何在？

子谓子贱，君子哉若人！鲁无君子者，斯焉取斯？（《公冶长》）

译文：孔子评论他的学生子贱说：君子呵，这个人！想必鲁国是有君子的，否则子贱效仿谁才成其为一个君子的？

子曰：齐一变，至于鲁；鲁一变，至于道。（《雍也》）

译文：孔子说：（以）齐国（的现状）只要加以变革，就是（现在的）鲁国；（以）鲁国（的现状）只要加以变革，就接近于“大道”了。

子曰：苟有用我者，期月而已可也，三年有成。（《子路》）

译文：孔子说：如果有用我主持国家大政的，我能够在一年内让政事走上正轨，给我三年，便会有所建树。

子曰：如有王者，必世而后仁。（《子路》）

译文：孔子说：如果有王者兴起，也需要三十年的时间才能实现“仁”。

子曰：人能弘道，非道弘人。（《卫灵公》）

译文：孔子说：“大道”所在，有赖于人身体力行去弘扬；“大道”不是自在之物，不可能无需人之劳作，就能使人享有做人的尊严。

哪怕这个世界充斥着绝望、沉沦和随波逐流，对“人”也要永远怀有信心。就算你从未遇见过一个挺直了腰杆的人，但只要留心观察，就一定能看见这种人曾经在场的痕迹。所以，世界是能够改变的，把世界变成“人”的世界不是遥不可及的事情。当然，“人”的世界是“人”为之奋斗的目标，人的尊严就体现在为“人”的世界而奋斗之中，这就是“大道”。离开了人的奋斗，“大道”就不存在。

一

在孔子学说中，“人”的世界是由“仁”和“礼”这两个概念来说明和定位的。对于孔子来说，“希望”就体现在他的“仁”和“礼”中，所以，这是理解孔子学说的枢纽。但即使在今天，困难和麻烦的仍然是：不仅何谓仁、何谓礼，都是见仁见智的事情；至于“仁”和“礼”的关系问题，就更是莫衷一是了。

笔者尝试在“人化”解读境域中来讨论和说明孔子的“仁”和“礼”，希望能够推进对孔子“仁”和“礼”的理解，但需要首先说清楚的是，这不过是一家之言而已。当然，笔者的理解能不能真的成为一家之言，那也有待于读者诸君来判断。在下面的讨论中，先说“仁”、再说“礼”、最后说“以仁复礼”。

弟子问“仁”于孔子，在《论语》中有多处记载，而孔子的回答各各不同。通常的解释是孔子因材施教，根据求问弟子的具体情况而给予点拨。这种解释当然是正确的，但还不够，需要深入下去……

司马牛问仁，子曰：仁者其言也讱。曰：其言也讱，斯谓之仁已乎？子曰：为之难，言之得无讱乎？（《颜渊》）

译文：司马牛问什么是“仁”，孔子回答说：“仁者”出言谨慎。司马牛接着问：出言谨慎，这就算是“仁”了吗？孔子说：为“仁”是何等困难的事情呵，出言能够不谨慎吗！

司马牛问的是“仁”，孔子回答的是“仁者”，其意已大不相同。而司马牛未达孔子用意，故大为惊诧：难道出言谨慎就“是”仁？——这也太容易了吧！出言谨慎当然不就“是”仁，但如果一个人张口闭口都是“仁”，正说明他对“仁”的认知不过是皮毛而已。反过来，认知到“仁”是何等困难的事情，才能养成出言谨慎的美德。

那么，孔子为什么不正面回答司马牛之问，只是点拨改正其出言浮躁的毛病呢？笔者揣测大概有一正一反两个原因。

正面的原因是，在孔子看来，正所谓“人能弘道，非道弘人”，首先需要用力于成为一个“仁者”，如果离“仁者”之境还差得太远，却整日把“仁”挂在唇齿之间，就有哗众取宠之嫌。反面的原因是，“仁”之难，不是资质平平之辈所能知，所以说“中人以上，可以语上也；中人以下，不可以语上也”，（《雍也》）【译文：资质禀赋中等以上的人，可以指点他高深精微的东西；资质禀赋中等以下的人，不能指点他高深精微的东西】在孔子看来，以司马牛的资质，告诉他什么是“仁”说不定对他有害无益。

仲弓问仁，子曰：出门如见大宾，使民如承大祭。己所不欲，勿施于人。在邦无怨，在家无怨。仲弓曰：雍虽不敏，请事斯语矣。（《颜渊》）

译文：冉雍问什么是“仁”，孔子回答说：一走出家门，就好像去会见贵宾；役使老百姓，就好像在主持隆重的祭祀。自己不希望被加之于身的，就不要强加在别人身上。出仕为官不抱怨，无官可做也不抱怨。冉雍说：我虽然迟钝，但请允许我奉行您的教诲。

冉雍，字仲弓，在孔门弟子中与颜渊，闵子骞，冉伯牛并列以“德行”著称（《先进》），很受孔子赏识，说“雍也可使南面”（《雍也》）【译文：冉雍，可以出仕为官了】，孔门弟子中从政的人很多，孔子也以“德才兼备”为纲领来培养弟子从政的能力，所以“政事”被列为“孔门四科”之一，与“德行”、“言语”和“文学”并列。“德才兼备”在今天仍然是中国人对从政者的基本要求，但是在孔子那儿，还有一个进一步的要求，这就是对从政以后必然会遇到的困难、挑战和诱惑要有充分的心理准备，具有足够强大的信念去担当从政的责任。

于是，就有了下面的故事，“子使漆雕开仕，对曰：吾斯之未能信。子说”。（《公冶长》）【译文：孔子安排漆雕开去做官，漆雕开答道：我对做官还没有信心。孔子非常高兴。】对做官还没有信心的意思是：对于孔子的应当怎样做官的那些教诲，虽然理解了、认同了，也决心实行之，但是还没有融会贯通，还有一些杂念裹挟其中。

与此相应，孔子说“雍也可使南面”，说明了冉雍不仅具备了从政的德才，也具有了相应的坚定信念。所以，孔子对于“仲弓问仁”，其回答是从一个从政者所当为的角度而言，不同于“司马牛问仁”。

其“出门如见大宾”，说的是从政者因职责所在而以“敬”存身，对一切人与事不敢稍有一丝懈怠；其“使民如承大祭”，说的是从政者应当心系老百姓的苦乐，爱惜民力而不敢轻用；其“己所不欲，勿施于人”，说的是从政者制定各种政策，都应当以己度人，尊重他人的利益和尊严而不敢妄为；其“在邦无怨”，则是告诫冉雍别指望以上种种能够得到别人的理解和承认——请回忆一下前一章说过的“子见南子，子路不说。夫子矢之曰：予所否者，天厌之！天厌之！”（《雍也》）——无论遇到怎样的误解、曲解甚至损毁都能坦然受之；其“在家无怨”，则是进一步告诫冉雍要有无过得咎、因功遭祸的心理准备。

但是，尽管冉雍以“德行”著称，在孔子看来也具备了从政的德才和相应的坚定信念，却与“仁”不是一回事。“或曰：雍也，仁而不佞。子曰：焉用佞？御人以口给，屡憎于人。不知其仁，焉用佞!”（《公冶长》）【译文：有人说：冉雍这个人，已经具有了“仁”德，不足之处是口才不行。孔子说：为什么要能言善辩呢?（这样的人）总是仗着伶牙俐齿来占别人上风，被人讨厌。我不知道冉雍是不是有“仁”德，但是用不着能言善辩吧!】

“佞”，本来是个褒义词，指能言善辩、伶牙俐齿。但是，孔子一贯讨厌“佞”，甚至极而言之说“刚毅木讷近仁”。（《子路》）【译文：性格刚强坚忍，感情迟钝，不善言辞，与“仁”德相近】孔子把“佞”当做一个贬义词来使用，在他的“理想国”中，就包含着“远佞人”，【译文：远离巧舌如簧的人】原因是“佞人殆”。（《卫灵公》）【译文：巧舌如簧的人危害国家】在孔子以后，“佞”的意思就从能言善辩变为巧舌如簧，从褒义变成了贬义，如“佞臣”、“佞幸”等等，指花言巧语以谄媚主上，成为一个让人避之唯恐不及的恶谥。

至于“不知其仁”，意思是不具备“仁”德，这是一种很有意思的表达方式：相应于说某人“仁”——这当然是很高的褒奖，说某人“不仁”就是非常严厉的指责了，如孔子说“予（宰我）之不仁也”；（《阳货》）【译文：宰我真是毫无仁心仁德呵!】所以，对于在“仁”与“不仁”之间的绝大多数情况，就只能说“不知其仁”了——

孟武伯问：子路仁乎？子曰：不知也。又问，子曰：由也，千乘之国，可使治其赋也，不知其仁也。求也何如？子曰：求也，千室之邑，百乘之家，可使为之宰也，不知其仁也。赤也何如？子曰：赤也，束带立于朝，可使与宾客言也，不知其仁也。（《公冶长》）

译文：孟武伯问孔子：子路具有“仁”德吗？孔子说：我不知道。孟武伯不罢休，又问了一遍。孔子说：子路这个人嘛，给他一个中等大小的国家，他能够负责军事工作；至于是否有“仁”德，我就不知道了。孟武伯再问：冉求怎么样？孔子说：冉求这个人嘛，适合给卿大夫的私邑当大管家，哪怕私邑的规模大到有一千户人口、甚至大到有一百辆兵车，都没有问题；至于是否有“仁”德，我就不知道了。孟武伯接着问：公西赤怎么样？孔子说：至于公西赤这个人，（适合于做一个礼官）穿上礼服，站在朝堂之上，接待各种宾客，都能胜任；至于是否有“仁”德，我就不知道了。

总之，因为禀赋资质的不同，比起“司马牛问仁”来，孔子对“仲弓问仁”的回答显然就属于“语上”了。

接下来讨论“子张问仁”。

子张最为后人熟悉的是孔子的“师也过，商也不及”，（《先进》）【译文：子张为人做事老是过头、不留余地，子夏为人做事老是畏缩、谨慎有余】孔子对子张评价不高：“师也辟。”（《先进》）【译文：颛孙师滑头。】子张的为人偏好投机钻营、做事偏好方便取巧，所以孔子曾以“居之无倦，行之以忠”（《颜渊》）【译文：闲暇无事时不能松松垮垮，做起事情来必须尽心尽力】来点拨他。

子张一心想的是荣华富贵，曾经以“在邦必闻，在家必闻”【译文：出仕为官要名满天下，无官可做也要名满天下】为读书人的追求，而被孔子纠正为“是闻也，非达也”，【译文：（你）这叫做“闻”，不能叫做“达”】并且点化他说：“夫闻也者，色取仁而行违，居之不疑。在邦必闻，在家必闻。”（《颜渊》）【译文：要想名满天下，就要做出有“仁”德的样子，实际做的却正相反，还要真的相信自己不折不扣地就是“仁”的化身；这样一来，出仕为官就能名满天下，就算无官可做也能名满天下。】

子张问仁于孔子，孔子曰：能行五者于天下，为仁矣。请问之，曰：恭、宽、信、敏、惠。恭则不侮，宽则得众，信则人任焉，敏则有功，惠则足以使人。（《阳货》）

译文：子张问孔子什么是“仁”，孔子回答说：能够在“天下”推行五种德性，就是“仁”了。子张接着问是哪五种，孔子说：庄重、宽容、诚信、明敏、让利。为人庄重就不太会遭人羞辱，为人宽容就能够得到人们的拥戴，为人诚信就能够得到人们的信任，做事明敏就能够建功立业，勇于让利就能够团结起来共同奋斗。

子张对做官兴趣很大，《论语》中唯一一处弟子赤裸裸地问怎样才能弄个官做的就是“子张学干禄”，（《为政》）【译文：子张向孔子请教怎样才能求得官职俸禄】孔子针对子张的特点来说“仁”，比“仲弓问仁”时的回答又深入了一层。

先来解释一下这段对话中的“敏”和“惠”。“敏”的意思是：聪明、快捷，孔子这里指能够发现和把握机会。聪明，才能敏锐地发现机会；快捷，及时把握住机会，否则就会稍纵即逝；这都是相对于建功立业而言的，所以说“敏则有功”。孔子这里的意思无法对译为现代汉语，只好勉强译成“明敏”。

“惠”在这儿的意思是“施惠于人”，故译为“让利”。发现了机会、并且要把握住，就需要迅速采取行动；但是，执政者是否有号召力，他领导的执政团队具有怎样的执行力，就是另一个问题了。如果执政者平日能够让利于人，才能够使得整个团队心往一处想、劲往一处而“有功”。不能让利于人，孔子称之为“犹之与人也，出纳之吝，谓之有司”，（《尧曰》）【译文：同样是让利于人，（有的人）出手吝啬，就好像是小职员】道理很简单：小家子气的人干不成大事情。

但是，人有追逐私利的本能，有些人还有独揽利市的倾向，也就是孟子说的：“必求龙断（译注：今作‘垄断’）而登之，以左右望而罔市利”【译文：总是要找一个高地登上去，左边看右边看（以伺机而动），恨不得把整个市场的利润一网打尽】的“贱丈夫”。（《孟子·公孙丑下》）执政者大权在握，其追逐私利的本能极易膨胀为独揽利市的贪欲，故不能“使人”，即使有大把的机会也难以“有功”。

秦末的刘项之争是一个很好的例证。刘项之争之初，项强而刘弱，结局却是四百余年大汉的建立。在司马迁看来，其成败（有功）之别就在能否“使人”上。

“项王见人恭敬慈爱，言语呕呕，人有疾病，涕泣分食饮，至使人有功当封爵者，印刓敝，忍不能予，此所谓妇人之仁也。”[1] 项羽出身贵族，教养和修养一流，泱泱乎一派君子之风，却与独揽利市的贪欲并行不悖。最难堪的是给有功之臣封爵的时候，本来连封爵的大印都制作好，就等着赏赐给臣下了，却恋恋不舍地把玩着大印不忍撒手，把大印的棱角都磨腻了。

至于刘邦，出身贫贱，本来不过一个小混混，却因为

1　司马迁《史记》（第八册），第 2612 页，中华书局 1982 年。

“惠则足以使人”成了“真命天子”，并且留下来一段脍炙人口的佳话，“夫运筹策帷帐之中，决胜于千里之外，吾不如子房。镇国家，抚百姓，给馈饷，不绝粮道，吾不如萧何。连百万之军，战必胜，攻必取，吾不如韩信。此三者，皆人杰也，吾能用之，此吾所以取天下也。项羽有一范增而不能用，此其所以为我擒也”。[1]

刘邦的“使人”，说白了就是一个“惠”字。“陛下慢而侮人，项羽仁而爱人。然陛下使人攻城略地，所降下者因以予之，与天下同利也。项羽妒贤嫉能，有功者害之，贤者疑之，战胜而不予人功，得地而不遇人利，此所以失天下也。”[2]

当然，“让利”是“惠”之小者，在孔子的“仁”中，“惠”之大者在于天下同享其利而无须“让”。“子张问于孔子曰：何如斯可以从政矣?”【译文：子张问孔子：我要怎样才能弄个官来做?】孔子答之以“尊五美，屏四恶”，【译文：推崇五种美德，摒弃四种恶德】其“五美”之首是“惠而不费”，即“因民之所利而利之，斯不亦惠而不费乎!”(《尧曰》)【译文：顺应老百姓对美好生活的向往，让他们充分发挥能力去追求自己的利益，这不就是无须任何人让利而天下同享其利吗!】

“让利”之“惠”属于“分配蛋糕”的事情，是有人多得就必定有人少得的零和博弈，而“因民之所利而利之”属于“做大蛋糕”的事情，是大家都能获得更多利益的多赢合作。

---

1 司马迁《史记》(第二册)，第381页，中华书局1982年。

2 同上。

这个“惠”字，在孔子的“仁”中，意义重大。“能行五者于天下，为仁矣”，这不是说要让天下人都具有“恭、宽、信、敏、惠”五德，说的是执政者如果具有“恭、宽、信、敏、惠”五德，就能够把人们团结起来去建功立业，在“不侮”之后，能够行“得众、人任、有功、使人”之效于天下，于是乎有“仁”。总之，“恭则不侮，宽则得众，信则人任焉，敏则有功，惠则足以使人”的精神实质是：执政者的德性修养是“仁”的起点或者基础，让天下的老百姓都能得其“惠”、都能过上好日子则是“仁”的终点或者目标。

长期以来，对孔子“仁”的理解，几乎局限在个人德性的领域，似乎只关乎个人的道德品质，与天下苍生的福祉无涉。事实却是，孔子的“仁”不仅关乎个人的道德品质，还有社会功业的要求，即让天下的老百姓都能过上好日子。

二

孔子说“仁”，因人而异、因材施教，其中一个非常重要的原则是上文提到的“中人以上，可以语上也；中人以下，不可以语上也”。（《雍也》）依常理而论，资质禀赋中等的人总是大多数，资质禀赋优秀和很差的人都非常少；所以孔子说“仁”，就很少涉及“仁”之中那高深精微的东西。因为德性修养是“仁”的起点或者基础，所以孔子说的大都是培厚基础之辞，故后人误以为“仁”之为“德”，仅仅关乎个人的道德品质，不知其实还以天下的老百姓都能过上好日子为目标。

但是，基础性的东西与高深精微的东西毕竟是同一个东西——仁，所以孔子即便是对资质禀赋平庸的弟子，也难免流露出一些“语上”的意思来，最典型的就是与樊迟的对话。

樊迟请学稼，子曰：吾不如老农。请学为圃，曰：吾不如老圃。樊迟出，子曰：小人哉，樊须也！上好礼，则民莫敢不敬；上好义，则民莫敢不服；上好信，则民莫敢不用情。夫如是，则四方之民襁负其子而至矣，焉用稼？（《子路》）

译文：樊迟向孔子请教怎么种庄稼，孔子说：我比不上老农。樊迟又向孔子请教怎么种蔬菜，孔子说：我比不上老菜农。樊迟离开以后，孔子说：真是不长进呵，这个樊迟！统治者敬重“礼”，老百姓就没有人会不敬重统治者；统治者敬重“义”，老百姓就没有人会不服从统治者；统治者言出必行，老百姓就没有人会偷奸耍滑。统治者真的能够做到这些，四面八方的老百姓就会背负着幼子来投奔，用的着自己去种庄稼吗？

先来讨论“君子”与“小人”的语义问题。孔子此处称樊迟为“小人”，指社会身份而不是道德品性，所以译为“不长进”。自上古及今，都是用“君子”与“小人”对举来褒贬“人”，但所意指者却因孔子有了根本变化。

简单地说，在周代，“君子”本为贵族诸等第之通称，“小人”指的是庶民，也就是普通老百姓，这是社会身份的区分。孔子开创了以一个人的道德品性来区分“君子”与“小人”的用法，这是中国文明史上一个了不起的进步。

上古以至周代的“君子”与“小人”的区分标准是血缘关系，一个人的祖上是贵族，即使他无恶不作也是“君子”，反之，一个人的祖上是庶民，无论他品性多么优秀，还是“小人”。到了孔子，区分“君子”与“小人”的标准变成了一个人的道德品性，于是，无论一个人的出身是多么卑贱或者多么高贵，他仍然可以、而且仍然需要通过自身的努力成为屹立于天地之间堂堂正正的“君子”。决定一个人到底成为什么样的人，是这个人自己，而且只能是他自己！孔子完成了中国文明史上“人”的观念的革命性变革。

这一革命性变革的痕迹保存在《论语》中，孔子有时在传统的意义上、有时在革命的意义上来区分“君子”与“小人”，这是读《论语》时必须小心注意的。

在传统意义上的比如：“君子学道则爱人，小人学道则易使”，（《阳货》）【译文：出身高贵的人学习“道”就会生发出对他人的爱心，出身贫贱的人学习“道”更乐于服从上级】“君子有勇而无义为乱，小人有勇而无义为盗”。（《阳货》）【译文：出身高贵的人有“勇”德无“义”德，就会犯上作乱；出身贫贱的人有“勇”德无“义”德，就会鸡鸣狗盗】

在革命意义上的比如：“君子坦荡荡，小人长戚戚”，（《述而》）【译文：品性高贵的人内心总是坦荡无惧，品性卑劣的人内心总是纠结无解】“君子成人之美，不成人之恶；小人反是”，（《颜渊》）【译文：品性高贵的人乐于成全别人的好事，不做落井下石一类的事情；品性卑劣的人正好反过来】“女为君子儒，无为小人儒”，（《雍也》）【译文：你呵，要做一个品性高贵的儒生，不要做品性卑劣的儒

生】“君子固穷，小人穷斯滥矣”。（《卫灵公》）【品性高贵的人总是命运多舛，品性卑劣的人一旦遭遇困难就胡作非为了】

最为振聋发聩论“君子”的是孔子的学生曾参：“可以托六尺之孤，可以寄百里之命，临大节而不可夺也，君子人与？君子人也！”（《泰伯》）【译文：可以把幼小的孤儿托付给他养大成人，可以把国家的安危托付给他兴亡继绝，到了死生关头仍然一腔热血，这样的人可以算是品性高贵的人吗？当然是品性高贵的人！】

孔子改变了中国人对“人”的看法，改变了中国人，其德泽绵延至今且万古长存！

回到樊迟“请学稼”的事情上来。樊迟够愚笨的，花了“学费”——“子曰：自行束脩以上，吾未尝无诲焉”，（《述而》）【译文：孔子说：（只要遵从“礼”的规制，最低限度）给我呈上一束干肉，我还没有不教导他的】——跑到孔子门下来学习做农活，真正是缘木求鱼了。

有意思的是，孔子是在樊迟离开以后才感慨其“不长进”的，他为什么不当面教诲“焉用稼”的那番道理呢？这大概有两个理由。

一，“子曰：由！诲女知之乎：知之为知之，不知为不知，是知也。”（《为政》）【译文：孔子对子路说：由呵，告诉你什么是“智”德吧！知道什么就是什么，不知道的就不知道，（不强不知以为知）这就是“智”德。】那么，樊迟请教怎么种庄稼和种菜，这确实是孔子不知道的，所以孔子老老实实地回答“吾不如老农”、“吾不如老圃”。反之，如果回应以“焉用稼”那一番道理，就自陷于强词夺理的窠臼中了。

二，“子曰：不曰如之何如之何者，吾末如之何也已矣。”（《卫灵公》）【译文：孔子说：（对于那种从来）不想着“怎么办？怎么办”的人，我也不知道拿他们怎么办了。】孔子这话关涉的是“忧患意识”。“忧患意识”是一个很大的话题，这里只能解说其表面的意思，居安思危、为了将来可能出现的困难、挑战和危险尽可能做好准备。

是否有忧患意识首先取决于一个人的志向：志在天下苍生者终生与忧患意识相伴，故曾子说：“士不可以不弘毅，任重而道远。仁以为己任，不亦重乎！死而后已，不亦远乎！”（《泰伯》）【译文：读书人不可以不刚强坚韧，因为他责任重大而前路漫漫。以在天下实现“仁”为己任，（这责任）何等重大！（这责任）到死才能卸下，（这路途）何其遥远！】

至于志在功名利禄者，其心态就是《庄子·齐物论》中所总结的——“大知閑閑，小知閒閒。大言炎炎，小言詹詹。其寐也魂交，其觉也形开。与接为构，日以心斗。缦者、窖者、密者。小恐惴惴，大恐缦缦。其发若机栝，其司是非之谓也；其留如诅盟，其守胜之谓也；其杀若秋冬，以言其日消也；其溺之所为之，不可使复之也。其厌也如缄，以言其老洫也；近死之心，莫使复阳也。喜怒哀乐，虑叹变慹，姚佚启态；乐出虚，蒸成菌。日夜相代乎前而莫知其所萌。已乎，已乎！旦暮得此，其所由以生乎！”（译文太长，恕不译。）——孔子能拿这样的人这么办呢！

樊迟当然不是志在功名利禄者，但对于志在“学稼”、“为圃”者，孔子又何必逆其志而与之言“焉用稼”，跟他说些什么“君子谋道不谋食。耕也，馁在其中矣；学也，禄在其中矣。君子忧道不忧贫”。(《卫灵公》)【译文：品性高贵的人追求的是怎样在天下实现“大道”，不考虑养家糊口的事情。(反过来说)种田，是填不饱肚子的；求学，则能谋得一份俸禄。(所以)品性高贵的人忧虑的是怎样在天下实现“大道”，不忧虑怎样脱贫】但是，既然樊迟志在“学稼”、“为圃”，又何必入孔子门！故孔子在樊迟离开以后感慨其“不长进”。

不过，樊迟也有“问仁”的时候，而且《论语》中记载“问仁”次数最多的就是他。可见，樊迟是个非常实诚的好青年，虽然天资平平，但浸淫于孔门之中，向上之心和向善之志还是不绝如缕。

樊迟问仁，子曰：居处恭，执事敬，与人忠。虽之夷狄，不可弃也。(《子路》)

译文：樊迟问孔子什么是“仁”，孔子回答说：与人相处态度恭敬，做事情态度认真，答应别人的事情就要尽心尽力。(能够做到这些，)就算是到了文明不开化的夷狄之邦，也不至于混不下去。

显然，对于樊迟“问仁”，孔子只能在“仁”的起点或者基础上来回应。但即便同样是基础性的东西，不过与回应司马牛的“仁者其言也讱”一样属于初级阶段，不同于回应仲弓的“出门如见大宾，使民如承大祭。己所不欲，勿施于人。在邦无怨，在家无怨”。

另一方面，所谓回应，就是某种点拨和引导，并没有把话说透。借用佛学的话语就是，“回应”是“方便义”不是“究竟义”，是“俗谛”不是“真谛”。于是就有了这样的对话："克、伐、怨、欲不行焉，可以为仁矣？子曰：可以为难矣，仁则吾不知也。"（《宪问》）【译文：（原宪问孔子：）逞强、自大、心存怨恨和贪心不足，这四种毛病克服了，算的上有"仁"德了吧？孔子说：算的上是难能可贵了，至于是否有"仁"德，我就不知道了。】可以想象的是，原宪曾经也"问仁"过，孔子回应以"克、伐、怨、欲不行"；原宪身体力行之，终于自觉已经达到，于是再向孔子求证，而有了以上的对话。

把话再说得透彻些，对于弟子们的"问仁"，孔子绝大多数时候是在"为仁"的意思上回应的。"子贡问为仁，子曰：工欲善其事，必先利其器。居是邦也，事其大夫之贤者，友其士之仁者。"（《卫灵公》）【译文：子贡向孔子请教怎样培养"仁"德，孔子说：工匠要干好他的活儿，就先要收拾好他的工具。（同理，）居住在任何一个地方，都要追随执政者中的那些贤人，也要结交读书人中的那些有"仁"德的人。】这里，"为"是实行、修为和修养的意思，"为仁"是以"仁"为目标而努力修为的意思；至于怎样去修为的问题，又因每个人的心智发展水平、性格特征和生存条件等等具体情况的不同而不同。

孔子的了不起也表现在这里，他对每一个弟子的具体情况都了如指掌，也总是能够在肯綮处一语道破，这就是颜回说的，"夫子循循然善诱人"，以至于使得他在"向仁"的道路上"欲罢不能"。（《子罕》）

樊迟问知，子曰：务民之义，敬鬼神而远之，可谓知矣。问仁，曰：仁者先难而后获，可谓仁矣。（《雍也》）

译文：樊迟问什么是"智"，孔子回答说：专心一志地想着老百姓的事情，对于鬼神之事，心存敬意而保持距离，就算的上有“智”德了。樊迟接着问什么是“仁”，孔子回答说：“仁者”，在付出艰辛劳作以后再去考虑利益回报的事情，可以说有“仁”德了。

看来，樊迟有着常人或多或少都有的通病：心存侥幸天上掉下个金元宝，还正好砸在衣兜里，不太愿意接受一份劳作一份回报的艰辛，于是，对宗教活动十分热心，以祈求鬼神庇佑他的功名利禄。

孔子告诫樊迟：离开了天下老百姓的苦乐、离开了为天下老百姓过上好日子而奋斗就谈不上“仁”和“智”。

不过，樊迟在这里问“智”问“仁”相连，倒也透露出他在孔子门下求学不为无得。孔子讲的“仁”是离不开“智”的，讲的“智”也是离不开“仁”的：“里仁为美。择不处仁，焉得知！”（《里仁》）【译文：应当与“仁”比邻而居。选择居住地，如果是没有仁风仁德的地方，说得上是“智”吗！】孔子还说：“臧文仲居蔡，山节藻棁，何如其知也？”（《公冶长》）【译文：臧文仲给他的大乌龟盖了一间屋，斗拱上雕刻着山形的花样，斗拱下面的短柱上画着水草状的花纹，这样的人怎么能说有“智”呢？】

但是，大概是这里面的道理比较复杂，所以历史上最大误解就是把“仁”理解为“同情心”，把“仁者”当作遇人就打躬作揖、遇事则委曲求全的好好先生。

这一误解真的是源远流长。前文说过，即使在今天，大多数人心目中的孔子不过是个好好先生而已，那么，现在可以接着说的是，两千多年前，在亲炙于孔子的弟子中就有人开启先河了。

“宰我问曰：仁者，虽告之曰：井有仁焉，其从之也？子曰：何为其然也？君子可逝也，不可陷也；可欺也，不可罔也。”（《雍也》）【译文：宰我问道：（老师，您教诲我们应当以仁为己任，那么，）这个“仁”，如果有人告诉我说：你所追求的那个“仁”在井里面，我就应该跳到井里面去吗？孔子说：为什么要这样问呢？品性高贵的人会从容赴死，却不会死在别人挖的陷阱中；品性高贵的人有可能被骗，却不可能被愚弄。】

这段对话意味深长，值得品味。宰我确实是能言善辩，他给孔子挖了一个坑：您老人家要是回答说跳井，就是一个迂腐的蠢人——人都淹死了，还有什么“仁”！要是回答说不跳井，就是一个虚伪的人——明明是把命看得比“仁”值钱，却成天说什么仁以为己任。

孔子不但没有跳进宰我挖的坑中，而且在正面讲明道理的同时，把宰我挖坑的事情也一并揭明了。孔子首先反问：你为什么要把“仁”藏在井中呢？“仁”在心里，“仁”在天下！跳进井中不是找“仁”是找死。接下来是正面的道理：君子当然会为“仁”献身，如果不得不如此的话——“子曰：志士仁人，无求生以害仁，有杀身以成仁”，（《卫灵公》）【译文：孔子说：志士仁人，没有贪生怕死以伤害“仁”的，只有舍生忘死以成全“仁”的】但是你要陷害他于不仁不义之境地却办不到。君子不是神仙，被人欺骗不丢人，但是你要把他当做一个书呆子来愚弄却办不到。

这才真正是会说话，是一个大智慧的人说的话，叫做“智慧之声”——不是能言善辩、伶牙俐齿、强词夺理，而是让语言自身去言说，或者说让语言自行流溢、展示出汉语内在的那种无可言说的美丽。

一，没有人喜欢被人愚弄，一个人在被人愚弄、并且意识到了对方的用意是在愚弄他的时候，总是会激动、愤懑和痛苦；如果愚弄者居然还是自己的学生，那是何等的不堪！

因为，如果你因激动、愤懑和痛苦而发怒，只能越发显得无能，反过来证明了你活该被愚弄；如果你能控制激动、愤懑和痛苦，心平气和地向对方讲“仁”离不开“智”、“智”也离不开“仁”的大道理，固然难能可贵，但已然落了下风，大有唾面自干的窝囊，也证明了你活该被愚弄。那么，摊上了这样的事儿，该怎么办？

孔子这么办：进行概念区分！“逝”与“陷”是不同的，“欺”和“罔”也是不同的。这就不仅点明了“仁”离不开“智”、“智”也离不开“仁”，也向宰我点明了他挖坑的事情——“陷”，也点明了这是一个怎样的坑——“罔”。这样一来，宰我掉进自己挖的坑中爬不出来了。

二，进而，孔子不仅点明了、而且还展示出“仁”离不开“智”、“智”也离不开“仁”。就点明而言，“君子可逝也，不可陷也；可欺也，不可罔也”，说的是：君子有“智”，所以分得清“逝”与“陷”、“欺”与“罔”；君子有“仁”，所以做得到“可逝也，不可陷也；可欺也，不可罔也”。就展示而言，因为有“智”，所以孔子对宰我挖坑洞若观火；因为有“仁”，所以孔子对挖坑的宰我循循善诱。

这真的是不带一丝烟火气的强悍、不带一点杀伐音的犀利。孔子坚守了一个教师的责任：即使你是不怀好意地挖坑，我也一如平常地教育你向善和向上；孔子捍卫了一个仁者的尊严：就算你魔高一尺，也不得不降服于我的道高一丈。

樊迟问仁，子曰：爱人。问知，子曰：知人。樊迟未达，子曰：举直错诸枉，能使枉者直。樊迟退，见子夏，曰：乡也吾见于夫子而问知，子曰，举直错诸枉，能使枉者直，何谓也？子夏曰：富哉言乎！舜有天下，选于众，举皋陶，不仁者远矣。汤有天下，选于众，举伊尹，不仁者远矣。（《颜渊》）

译文：樊迟问什么是“仁”，孔子回答说：爱人。樊迟又问什么是“智”，孔子回答说：对“人”有深入的认识。樊迟没有懂孔子的意思，孔子接着说：把正直的人提拔起来，放在邪曲的人之上；那些邪曲的人也就逐渐变得正直了。

樊迟出来后，见到了子夏，问：刚才我去见老师问什么是“智”，老师说：把正直的人提拔起来，放在邪曲的人之上；那些邪曲的人也就逐渐变得正直了，这话到底是什么意思呢？

子夏回答：老师的话真是含义深厚呵！（比如，当年）舜有了天下，在众人中挑选出皋陶提拔了起来，（后面的事情是，）朝廷中渐渐没有了那些“不仁”的人。（再比如，当年）汤有了天下，在众人中挑选出伊尹提拔了起来，（后面的事情是，）朝廷中渐渐没有了那些“不仁”的人。

与刚刚讨论过的那些“樊迟问仁”不同，孔子这一次的回答不是“方便义”、即不是针对樊迟的具体情况和性格特征指点其“为仁”的方法，而是“仁”的“究竟义”。当然，面对“仁”的“真谛”，资质禀赋平庸的樊迟就整个儿懵了。

“仁者爱人”，（《孟子·离娄下》）自孟子以后，“爱人”就成为对孔子“仁”的基本理解和常识，这当然没错，何况这话也确实出自孔子。但是，孟子用“恻隐之心”——大略类似于今天讲的“同情心”——来诠释“爱人”，与孔子用“举直错诸枉，能使枉者直”来诠释“爱人”，就大大不同了！

从对话的过程看，“举直错诸枉，能使枉者直”是对“问知”的回答，接在以“爱人”回答“问仁”之后；但是，如果把这两句话割裂开来，理解为“仁”和“知”是两件事，就错了。实际上，这两句话不是并列关系，是递进关系；“举直错诸枉，能使枉者直”接在“爱人”之后，是对“爱人”的说明和展开。

从字面上说，以“举直错诸枉，能使枉者直”来对答什么是“知”，明摆着是不知所云——“举直错诸枉，能使枉者直”说的是应当怎样做的问题，不是应当怎样认识人的问题。所以，“举直错诸枉，能使枉者直”是统“爱人”和“知人”来回答樊迟，具体地说就是：“爱人”不是对弱者有同情心，是让天下老百姓都能过上好日子，虽然兹事体大，涉及的东西太多，但是其中一件必不可少的事情就是执政者群体的道德品性和人格素质必须是优秀的。然而，在任何一个群体中，个体的道德品性和人格素质总是参差不齐，这就有了一个用什么样的人的问题。在孔子看来，把正直的人提拔起来放在邪曲的人上面，就不但能够有政治清明的“善治”之效，坚持下去，还能慢慢地改变那些邪曲的人，在整体上提高执政者群体的水平。

所以，孔子的意思可以这样来分疏：一，让天下老百姓都能过上好日子，这是“仁”的最高目标；二，要实现这一目标，就需要有一个优秀的执政者群体，而执政者群体是否优秀取决于怎样的人在群体中掌握更高的权力；三，把正直的人提拔上来才能实现天下老百姓过上好日子的目标，并且在整体上提高执政者群体的水平。所以，“仁者”之“爱人”，离不开“知人”：你得分得清“正”与“枉”，还得“知”如何才能“使枉者直”；反过来，“知人”也不可离开“爱人”，有“爱人”之心、然后有“知人”之智为“仁者”，否则，无“爱人”之心却有“知人”之智，就有了“枉”之大者。

三

“仁”的基本意思当然是“爱人”，只是这种“爱人”需要实现为天下老百姓都能过上了好日子，其中的道理颇有高深精微者存焉，对于“中人以下”，理解起来确实有困难。所以，虽然有时也难免流露出一些“语上”的意思来，但是孔子更多的是在“爱人”之心的层面上点拨弟子。

虽然说得很少，但是对资质禀赋优异的弟子，孔子是怎么说的？

颜渊问仁，子曰：克己复礼为仁。一日克己复礼，天下归仁焉。为仁由己，而由人乎哉！颜渊曰：请问其目。子曰：非礼勿视，非礼勿听，非礼勿言，非礼勿动。颜渊曰：回虽不敏，请事斯语矣。（《颜渊》）

译文：颜回向孔子请教“仁”是什么。孔子说：克制自己的私欲、懈怠和不自信，使得自己的一切言行都恪守周礼，这就是“为仁”的法门。哪怕能有一天做到了克己复礼，天下人看到了就会服膺于“仁”。为仁求仁，全在自己，世界上没有任何人能够改变这一点！

颜回又问：请告诉我具体的条目。孔子说：不合周礼规范的事情不看，不合周礼规范的话不听，不合周礼规范的话不说，不合周礼规范的事情不做。颜回说：我虽然迟钝，但请允许我奉行您的教诲。

颜回是孔子最为器重的弟子，本书第五章再来具体描述这两人的师生之谊，现在要说的是，与其他弟子“问仁”相比，孔子对“颜渊问仁”的回答应该是“究竟义”或者“真谛”了，值得仔细参详。

在这段对话中，孔子把“仁”与“礼”贯通了起来，这与回应其他弟子的“问仁”根本不同。但是，孔子说的“礼”到底是什么意思，却是首先要辨析一番的。

一，我们今天所谓礼，指礼仪、礼节和礼貌一类的事情，虽然不能说是细枝末节，但是比起国家的法律法规和组织的规章制度等等来说肯定是比较次要的东西，因为它更多地是对人际交往的文饰。

礼仪、礼节和礼貌当然也是古代的“礼”的内容，所以孟子说“礼之实，节文斯二者是也”。（《孟子·离娄上》）【译文：“礼”的本质，是（侍奉父母、追随兄长这类事情的）节度和文饰】

同样，荀子也说“凡礼：事生，饰欢也；送死，饰哀也；祭祀，饰敬也；师旅，饰威也”。（《荀子·礼论》）【译文：所谓礼，（无非是营造某种感情氛围，如）子女侍奉父母，营造的是欢乐；子女送别父母，营造的是悲哀；祭祀祖先，营造的是敬畏；将士出征，营造的是威武。】

但是，在“文饰”以外，“礼”还包括祭祀、会盟、战事、嗣位等国之大事的节度和规范。“儒家传统中的礼，含义极广，从有关人际关系的道德规范，到各种典礼仪式，乃至国家的典章制度，都在它的指涉范围之内。”[1]

金景芳在《周公对巩固姬周政权所起的作用》一文中更加明确地指出，“周公制礼的具体内容”包括“畿服”、“爵谥”、“田制”、“法制”、“嫡长子继承制”和“乐”等等，[2] 总之，“古代所谓礼，实际是包括上层建筑和经济基础在内的一系列政治的社会的制度，而以政治的制度为主”。[3]

也就是说，由于当时的社会生活相对简单，其节度社会生活的诸般规范也比较简单，大至祭祀会盟、承嗣战和等国之典章制度，小至婚丧嫁娶、进退揖让等人之日常交往，所有规范的总和就叫做“礼”。

但是，今天最常见的误解是把孔子说的“礼”就当成了礼仪、礼节和礼貌一类的事情，孔子在人们心中的印象也成了遇人就打躬作揖、遇事则委曲求全的好好先生。当然，这一误解的源头十分久远，可以上溯到宋明理学。

朱熹当然知道上古的“礼”是什么，在《论语集注》中就有“礼，谓制度品节也”；[4] 但是，把“品节”二字接着“制度”之后，却大有讲究。“品”者，区分贵贱高低之所设也，如古代官分九品；“节”者，节度、节制和约束之辞也；所以，“品节”的意思是：根据贵贱高低的原则来节度和节制人际关系。在“制度”二字后面缀上“品节”，

1　张灏《幽暗意识与民主传统》，第 91 页，新星出版社 2006 年。

2　郭伟川主编《周公摄政称王与周初史事论集》，第 70－75 页，北京图书馆出版社 1998 年。

3　郭伟川主编《周公摄政称王与周初史事论集》，第 70 页，北京图书馆出版社 1998 年。

4　朱熹《四书章句集注》，第 55 页，中华书局 2011 年。

“国家的典章制度”中的诸如“田制”、“法制”等都沉沉隐去，“畿服”、“爵谥”、“嫡长子继承制”等则突显了出来，“礼”就变成了人际关系的道德规范和各种典礼仪式的总和了，所以朱熹又说“礼者，天理之节文，人事之仪则也”，并且强调“严而泰，和而节，此理之自然，礼之全体也”。[1] 于是，孔子的“克己复礼为仁”就被解读为“故为仁者必有以胜私欲而复于礼，则事皆天理，而本心之德复全于我矣”。[2]

微妙之处在于，朱熹的“故为仁者必有以胜私欲而复于礼”并不错，其错在对“礼”的解释——“事皆天理，而本心之德复全于我”。因为，通过这种解释，“国家的典章制度”中的诸如“田制”、“法制”等都被一笔勾销了。

二，即便是在“从有关人际关系的道德规范，到各种典礼仪式，乃至国家的典章制度”之总和的意义上，“礼”字在先秦儒家诸师的具体用法和所指颇为不同，也是必须指出的。

在孔子处，“礼”就指“周礼”，也就是周朝各种典章制度的总和，《论语》中的“礼”字概莫能外都是这个意思。如果说到了夏朝和商朝，则特称为“夏礼”和“殷礼”。

“子张问：十世可知也？子曰：殷因于夏礼，所损益，可知也。周因于殷礼，所损益，可知也。其或继周者，虽百世，可知也。”（《论语·为政》）【译文：子张向孔子请教：今后十代（的礼），今天能够预知吗？孔子说：殷（礼）继承了夏礼，（但也有革除和创新的地方，）所革除和创新

1　朱熹《四书章句集注》，第53页，中华书局2011年。

2　同上，第125页，中华书局2011年。

的地方，是可以知道的。周（礼）继承了殷礼，（但也有革除和创新的地方，）所革除和创新的地方，是可以知道的。那么，那个继承周的朝代，以至于在其后的一百个朝代，（只要把握到革除和创新的规律，）（其礼）也是能够预知的。】

当然，需要在“可知”前面加一个词——“原则上”。如果历史文献保存完整，则“虽百世，可知也”；但是，如果史有缺焉，不同朝代之“礼”所革除和创新之处不明，麻烦就大了。“夏礼，吾能言之，杞不足征也；殷礼，吾能言之，宋不足征也。文献不足故也，足则吾能征之矣。”（《八佾》）【译文：夏礼，我能说个大概，只是（夏的后人所封的）杞国（保存下来的夏礼已经残缺了）不能给我提供更多的资料；殷礼，我能说个大概，只是（殷的后人所封的）宋国（保存下来的殷礼已经残缺了）不能给我提供更多的资料。历史文献和了解历史掌故的有识者都不够，如果够的话，我就能全面地掌握夏礼和殷礼了。】

但是孟子和荀子说的“礼”指的不再是“周礼”。

在《孟子》中，一云“辞让之心，礼之端也”，（《孟子·公孙丑上》）【译文：（见名利有）辞让之心，是“礼”的发端】再云“恭敬之心，礼也”，（《孟子·告子上》）【译文：（遇尊长而有）恭敬之心，就是“礼”】其所指在“人伦之则”，大致是根据上下尊卑之关系处理人际交往的准则。朱熹的“礼者，天理之节文，人事之仪则也”正是接着孟子讲的，并且成为后世的通义。

到了荀子，“礼者，治辨之极也，强国之本也，威行之道也，功名之总也”，（《荀子·议兵》）【译文：所谓礼，是治理国家区分善恶的根本，是国家强大的基础，是增强公信力和凝聚力的必由之路，是规定人的贵贱荣辱的总章程】这就清清楚楚地表达出对“礼”的认识达到了一个更高的水平，指国家的典章规范系统或者说社会各项制度的总和。

在荀子看来，社会制度的建设在治国理政中具有根本的重要性，也就是“法先王，统礼义，一制度，以浅持博，以古持今，以一持万”。（《荀子·儒效》）【译文：效法古代君王，统一礼义的规范，统一国家的制度，（就能）用简单的办法来处理复杂的政事，用古人的智慧来把握当今的世界，用一个基本原则来驾驭纷繁复杂的社会】而且，怎样去建设社会制度也有一个总纲，这就是“礼以顺人心为本，故亡于礼经而顺于人心者，皆礼也”。（《荀子·大略》）【译文：“礼”以顺导人的基本心理需求为根本原则，所以那些虽然不见于“礼”的典籍、但是能够顺导人的基本心理需求的（规范），都符合“礼”的根本原则】

可见，“礼”，在孔子是用来特指一种具体社会制度的“专名”，到荀子成为指称各种社会制度的“共名”，表明的是先秦时代哲学抽象思维水平的提高。

在说明了孔子的“礼”是什么意思以后，再来讨论“仁”与“礼”贯通。

既然“礼”就指“周礼”，那么，“克己复礼”就是克制自己的私欲、懈怠和不自信，凝聚心神、坚定意志，朝向一个目标奋斗：恢复西周的社会制度。这个“复”字，是“恢复”的“复”、“复辟”的“复”；在孔子看来，恢复周礼才能让天下的老百姓过上好日子，乃所谓仁也，故曰“克己复礼为仁”。

这里有一个需要解释的问题：既然“仁”的目标是恢复西周的社会制度，那为什么孔子说“一日克己复礼，天下归仁焉”，并且从个人的日常行为规范——“非礼勿视，非礼勿听，非礼勿言，非礼勿动”入手？按常理说，就算一个人的日常行为尽善尽美地符合某种社会制度的规范，与在历史现实中恢复这种社会制度也是风马牛不相及的事情。这个问题事关孔子“仁”的学说的内在理路，也事关孔子人格境界的内在进路，下一章再来讨论。

现在要说的是，孔子为什么认为，只有恢复周礼才能让天下的老百姓过上好日子？让我们从一个在先的问题说起：在孔子的心目中，怎样的日子算是老百姓的好日子？

子曰：庶矣哉！冉有曰：既庶矣，又何加焉？曰：富之。曰：既富矣，又何加焉？曰：教之。（《子路》）

译文：（孔子去卫国，冉有为他驾车）孔子说：（卫国的）人真多呵！冉有请教：人口多了，执政者应当再做什么？孔子回答：让他们过上富裕的生活。冉有继续请教：在老百姓都过上了富裕生活以后，执政者还应当做些什么？孔子回答：教化他们。

在孔子看来，老百姓的好日子首先是过上富裕的生活，然后是教化他们、让他们过上享有人的尊严的生活，可以简单地称为“先富后教”，并且为孟子和荀子加以发挥和弘扬，成为先秦儒家一以贯之的政治纲领。

孟子把“先富后教”展开得具体而微：“五亩之宅，树之以桑，五十者可以衣帛矣。鸡豚狗彘之畜，无失其时，七十者可以食肉矣。百亩之田，勿夺其时，八口之家可以无饥矣。谨庠序之教，申之以孝悌之义，颁白者不负戴于道路矣。”（《孟子·梁惠王上》）【译文：每一户老百姓都有五亩宅基地，可以在房屋周围栽桑养蚕，五十岁以上的老人就能穿上丝棉袄了。鸡、猪、狗这些家畜，按照自然节令繁殖，七十岁以上的老人就能吃到肉了。每一户老百姓都有一百亩田地，按照自然节令去耕作（译注：指官府不要在农忙时节支派老百姓徭役），八口之家就能不挨饿了。认真办好学堂，反复教育老百姓应当孝敬父母、和睦兄弟，那么，大路上就不会出现那些头顶着或是背负着重物的老人家了。】

荀子接着孟子说："不富无以养民情，不教无以理民性。故家五亩宅，百亩田，务其业，而勿夺其时，所以富之也。立大学，设庠序，修六礼，明七教，所以道之也。诗曰：饮之食之，教之诲之。王事具矣。"（《荀子·大略》）【译文：不能让老百姓富裕起来，他们的生活需求就得不到满足；老百姓得不到教化，他们的文明程度就不能提高。所以，每家都有五亩宅基地和一百亩田地以养殖和耕作，官府不要在农忙时节支派老百姓徭役，老百姓就能富裕起来。官府再建立高等学堂，（指导地方）建立各级学堂，让老百姓修习各种交往的礼节，懂得各种做人的道理，老百姓就能有尊严地生活。（就像）《诗经》中说（的）：让他们吃饱喝足，让他们知书达礼，这就是圣君的伟业。】

必须强调，"先富后教"之"教"，也就是所谓教化，从孔子到孟子、荀子，其内容固然是道德规范，但是其主旨却在使得老百姓享有做人的尊严。

这就是孟子说的："人之有道也：饱食暖衣，逸居而无教，则近于禽兽。圣人有忧之，使契为司徒，教以人伦：父子有亲，君臣有义，夫妇有别，长幼有序，朋友有信。放勋曰：劳之来之，匡之直之，辅之翼之，使自得之，又从而振德之。”（《孟子·滕文公上》）【译文：人的生活有这样的规律：一旦衣食无忧就容易精神懈怠，如果再得不到教育，自然会行为放荡，就与禽兽差不多了。圣人为此感到忧虑，就设立了专门的官职，让契（译注：传说中的殷商始祖）担任司徒，用人伦之理来教育老百姓，使得父子关系讲究亲情，君臣关系讲究道义，夫妻关系讲究内外有别，兄弟关系讲究长幼有序，朋友关系讲究言行有信。】

接下来的文字尤其重要，“放勋曰：劳之来之，匡之直之，辅之翼之，使自得之，又从而振德之。”（《孟子·滕文公上》）【译文：放勋（译注：传说中的圣君尧的名字）说：督促老百姓勤奋劳作，引导他们心有所归，匡正他们的失误，伸直他们的冤屈，帮助他们，鼓励他们，使他们各得其所；然后不断地引导他们努力向善，享有人的尊严。】

总之，自孔子以来，先秦儒家的政治纲领就是：按照先富后教的次序，让天下的老百姓都过上好日子，也就是在物质生活富裕起来之后，通过“教”以“人伦”，使得人人都尊重亲情和享受亲情，最终达到人人能享有“自得”于生命的快乐。

需要稍微讲一下宋明理学与先秦儒学在这个问题上的根本区别。

一，先秦儒学一以贯之的政治纲领是“先富后教”，宋明理学却只讲“教”不讲“富”。理学家们高举“存天理，灭人欲”的大旗，义正词严地宣称什么“饿死事极小、失节事极大”，老百姓的死活是不值一提的事情。

二，同样是“教”，先秦儒学的主旨在于让老百姓享有做人的尊严，宋明理学的主旨在于让老百姓成为俯首贴耳的顺民。

在讨论过怎样的日子算是老百姓的好日子以后，再来讨论为什么只有恢复周礼才能让天下的老百姓过上好日子？

周监于二代，郁郁乎文哉！吾从周！（《为政》）

译文：周（礼）继承和发展了夏商两代，其华彩之美盛令人叹为观止，我服膺周（礼）。

与对周礼的衷心叹服相应，制礼作乐的周公是孔子拳拳服膺的圣人，以至于“甚矣吾衰也！久矣吾不复梦见周公”，（《述而》）【译文：我真的是老啦！我已经很久没有梦见周公了】如果说周公几乎是孔子生命的精神支柱，那么，周礼就是孔子人生的最高追求，所以是“如有用我者，吾其为东周乎”。（《阳货》）【译文：如果有人给予我执掌政权的机会，我就要在东方（译注：鲁国在周天子王畿——西周定都镐京、东周定都洛邑——的东边）复兴周礼】

那么，这个“郁郁乎文哉”的周礼与老百姓过日子有什么关系呢？

哀公问于有若曰：年饥，用不足，如之何？有若对曰：盍彻乎？曰：二，吾犹不足，如之何其彻也！对曰：百姓足，君孰与不足？百姓不足，君孰与足！（《颜渊》）

译文：鲁国国君哀公问孔子的弟子有若：年成不好，朝廷的钱不够花，有什么法子吗？有若回答说：实行十分抽一的税率怎么样？哀公说：（现在实行的是）十分抽二的税率，我尚且没钱花，怎么能十分抽一！有若说：如果老百姓的生活富足，您怎么会没钱花？老百姓生活贫困，您上哪儿找钱花！

改革开放以前的中国，几千年来，“年饥”二字背后必定是种种惨不忍睹的景象，究其原因，无非人祸接踵天灾而至。根据周礼，朝廷的税率是十分抽一，哀公已然十分抽二了，却因天灾之下税收总量随农获总量大幅缩减而缩减，谋划着要提高税率了。如果不是礼崩乐坏，朝廷按照十分之一抽税，老百姓的日子会好过些；眼下已然礼崩乐坏，在孔子看来，能让老百姓日子好过些的法子就是恢复周礼。

季氏富于周公，而求也为之聚敛而附益之。子曰：非吾徒也！小子鸣鼓而攻之，可也。（《先进》）

译文：（鲁国的执政者）季氏比（鲁国开国之君周公）还要富有，冉求（给季氏当管家）却大肆搜刮民脂民膏，为季氏增加财富。孔子（对弟子们）说：（冉求）不是我的门徒！你们可以大张旗鼓地谴责他。

同为孔门弟子，比起有若的“百姓足，君孰与不足？百姓不足，君孰与足”，冉求的“聚敛而附益之”格外触目惊心，无怪乎孔子要动怒如斯！

“聚敛”者，非礼非仁之举也！就其逾越周礼之规制而言，非礼；就其搜刮民脂民膏而言，非仁。冉求有此非仁非礼之举，让“八佾舞于庭，是可忍也，孰不可忍也”（《八佾》）【译文：孔子指责（鲁国的当权者）季氏：用（天子才能享受的）八八六十四人阵势的舞队在自家庭院中演出，这样的事情都干的出来，还有什么事情干不出来】的孔子情何以堪！

于是，我们读懂了孔子的这句话：“求也，千室之邑，百乘之家，可使为之宰也，不知其仁也。”（《公冶长》）

【译文：冉求这个人嘛，适合给卿大夫的私邑当大管家，哪怕私邑的规模大到有一千户人口，甚至大到有一百辆兵车，都没有问题；至于是否有“仁”德，我就不知道了。】

礼崩乐坏，满目疮痍，一方面是“臣弑其君者有之，子弑其父者有之”，（《孟子·滕文公下》）【译文：有臣下杀死自己君上的，有儿子杀死自己父亲的】另一方面是“暴君代作，坏宫室以为汙池，民无所安息，弃田以为园囿，使民不得衣食”。（《孟子·滕文公下》）【译文：残暴的君主不断地出现，他们推倒老百姓的房屋用来挖（园林的）深池，他们废弃农田用来营造园林，使得老百姓没衣穿没饭吃】所以，在孔子看来，只有恢复周礼才能恢复正常的社会政治秩序，其要旨在于让老百姓的日子过得下去。

务必谨记：周礼不仅是关于婚丧嫁娶、进退揖让的行为规范，而首先是利益分配的制度规制，从而不仅保障着统治者的利益，也制约和规范着他们的利益，所以恢复周礼就意味着对统治者利益的制约和规范，这在孟子就是“夫仁政，必自经界始。经界不正，井地不钧，谷禄不平；是故暴君污吏，必慢其经界。”（《孟子·滕文公上》）【译文：实行仁政，必定要从明确划定各家各户的田界开始。田界划分得不明确，各家各户在井田中所占份额就不平均，上交给官府的税负就不公平；所以，暴君和贪官污吏们必定想着法子让田界的划定不明确。】

“礼”是社会生活的基本制度，“礼”的规制在本质上是利益分配的规制，对“礼”的僭越必定意味着对利益的非分攫取。身为大夫，季氏只能用四八三十二人阵势的舞队来享乐，却逾制僭用了天子的六十四人舞队，这多出来三十二个舞者的诸般开销，又会让多少百姓妻离子散、家破人亡！

在讨论过为什么只有恢复周礼才能让天下的老百姓过上好日子之后，可以明确的是：在孔子，其“郁郁乎文哉！吾从周”（《为政》）的“从周”是途径和手段，目标是天下老百姓都能过上好日子。

鲁人为长府。闵子骞曰：仍旧贯，如之何？何必改作！子曰：夫人不言，言必有中。（《先进》）

译文：鲁国翻修朝廷的金库。闵子骞评论说：保持金库的老样子，又能怎么样呢？为什么一定要翻修呢！孔子说：闵子骞这个人要么不说话，只要开口就一针见血。

翻修朝廷的金库，本来与礼制无关；但这是要花钱的，花的是老百姓的血汗钱。所以，孔子认为闵子骞说的“仍旧贯，如之何？何必改作”是一针见血——老百姓的日子实在是过不下去了！

子曰：禹，吾无间然矣。菲饮食，而致孝乎鬼神；恶衣服，而致美乎黻冕；卑宫室，而尽力乎沟洫。禹，吾无间然矣。（《泰伯》）

译文：大禹这个人，我是挑不出毛病了。他自己饮食菲薄，祭祀的贡品却极其丰盛；他自己衣着朴素，祭祀的礼服却极其华美；他自己居住简陋，为老百姓兴修水利却不遗余力。大禹这个人，我是挑不出毛病了。

何必周公？凡是一心一意为天下老百姓建功立业者，都“无间然矣”！又何必周礼？凡是有利于天下老百姓的制度规范，兼收并蓄可矣！

颜渊问为邦，子曰：行夏之时，乘殷之辂，服周之冕，乐则韶舞。放郑声，远佞人；郑声淫，佞人殆。（《卫灵公》）

译文：颜渊请教如何治国，孔子说：历法，用夏朝的；车制，用商朝的；服制，用周朝的；乐制，以大舜的“韶乐”和周武王的“武乐”为主干。禁绝郑国的乐曲，远离巧舌如簧的人；郑国的乐曲是靡靡之音，巧舌如簧的人危害国家。

前文已经提及，孔子在回答子张“十世可知也”之问时，应之以“殷因于夏礼，所损益，可知也。周因于殷礼，所损益，可知也。其或继周者，虽百世，可知也”。（《为政》）“因”者，继承也，“损”者，革除也，“益”者，创新也；那么，现在可以接着问：其“损益”者，何损何益？也就是说，孔子在继承的基础上革除和创新的原则何在？

子曰：麻冕，礼也；今也纯，俭；吾从众。拜下，礼也；今拜乎上，泰也；虽违众，吾从下。（《子罕》）

译文：用麻布来织正式的礼帽，这是周礼的规制；现在人们都用丝绸来织，花销可以节省些，我赞同人们的做法。（臣下面见国君，）先在堂下磕头，（再在堂上磕头，）这是周礼的规制；现在人们都只在堂上磕头，这是放肆；虽然与人们的做法相反，但是我仍然先在堂下磕头（再在堂上磕头）。

所“因”者在对周礼的敬意，所“损”者在老百姓的负担，所“益”者在老百姓的生计。

林放问礼之本。子曰：大哉问！礼，与其奢也，宁俭；丧，与其易也，宁戚。（《八佾》）

译文：(鲁人）林放向孔子请教周礼的本质是什么，孔子说：你的问题太大！（我只能简单地回答，）（只要符合）礼（的规制)，与其选择花销糜费的，宁可选择花销节省的；就办丧事说，与其一丝不苟（地符合周礼的规制)，宁可心存悲痛。

孔子的“大哉问”，有两重意思：一是这个问题意义重大，二是这个问题太复杂。

一，礼，从形态上看，无非是各种行为规范和仪式规程的总和，遵照施行即可。然而，林放却想到了，这些行为规范和仪式规程不应当是杂乱无章的偶然堆积，应当有某种原则贯穿其中使其成为一个系统或者体系。于是，他想知道，贯穿在这些行为规范和仪式规程中的那个原则是什么？然后，有了“礼之本”之问。

从治国理政来说，如果说礼的各种具体行为规范和仪式规程意味着社会生活的基本秩序，那么“礼之本”就是社会基本秩序的魂魄，只是因为这个魂魄已经驻扎在这个社会大多数人的胸腔中，所以那些具体行为规范和仪式规程才会被人们遵守，才有了社会生活的基本秩序。从人的认知来说，正所谓知其然、更要知其所以然，“礼之本”就是那些行为规范和仪式规程的“所以然”，把握到了“礼之本”，才算对“礼”有了理性的认知。所以，林放的问题意义重大。

二，既然“礼之本”问的是社会基本秩序的魂魄何在，涉及周代殷兴时驻扎在这个社会大多数人胸腔中的魂魄究竟是什么，以及为什么今天又不在了，等等。所以，这个问题太复杂。

孔子用举例说明的法子来回答林放：比如说，在“礼”的规制没有明确要求的条件下，应当尽可能地简朴些，以节省费用；再比如说丧礼，那些规制都是为了表达内心悲痛之情的。也就是说，在孔子看来，贯穿在周礼中的原则就是“仁”！

子曰：礼云礼云，玉帛云乎哉！乐云乐云，钟鼓云乎哉！（《阳货》）

译文：孔子说：礼呵礼，仅仅是献上那些玉帛之物嘛！乐呵乐，仅仅是奏响那些钟鼓之器嘛！

子曰：人而不仁，如礼何！人而不仁，如乐何！（《八佾》）

译文：人，却“不仁”，怎么能面对“礼”！人，却“不仁”，怎么能面对“乐”！

如果心中无“仁”，尽管行礼如仪，不过是那些玉帛之物在行转、那些钟鼓器物在鸣响，人不敬而神不享。

季氏旅于泰山。子谓冉有曰：女弗能救与？对曰：不能。子曰：呜呼！曾谓泰山，不如林放乎？（《八佾》）

译文：季氏打算祭祀（只有天子和鲁君才有资格祭祀

的）泰山。孔子问（当时在季氏手下当差的）冉有：你无法劝阻吗？冉有回答：不能。孔子说：呜呼！难道泰山之神还不如林放？

“曾谓泰山，不如林放乎”的意思是：林放尚且知道有“礼之本”，泰山之神怎么会接受季氏一流的“不仁”之心！

在孔子，恢复周礼不是抱残守缺，不是顽固不化，不是开历史倒车！诚如余英时所说，“仁为‘礼之本’确是孔子儒学系统的一个中心部分，这在中国学术界早已取得共识”，[1] 但是必须马上补上一句——孔子的“仁”以天下老百姓都能过上日子为目标。

1　余英时《论天人之际》，第 88 页，中华书局 2014 年。

第三章

有一种无可奈何的困窘开启人的智慧

孔子的一生浸透了难以言说的悲凉。我们知道了，这种悲凉与孔子的“希望”——让天下老百姓都能过上好日子——有关。如果一个人终生为他的目标而不懈奋斗，曾经觉得这个目标就在眼前——“齐一变，至于鲁；鲁一变，至于道”，（《雍也》）【译文：（以）齐国（的现状）只要加以变革，就是（现在的）鲁国；（以）鲁国（的现状）只要加以变革，就进而合于“大道”了】但是随着时间的流逝，却离目标越来越远，那么，他就面临着人的生命最严峻、也是最难承受的考验。弱者会怨天尤人，变得绝望、沉沦和随波逐流；那么，强者呢？特别是那种达到最高境界、也就是达到了“伟大”的强者会怎样呢？

子曰：君子疾没世而名不称焉。（《卫灵公》）

译文：孔子说：君子引以为恨的事情是，到死都没有名声在世。

知我者，其天乎！（《宪问》）

译文：知道我是一个怎样的人，只有“天”了！

子曰：参乎！吾道一以贯之。（《里仁》）

译文：孔子说：曾参呵！我的“道”是一个原则贯穿到底的体系呵。

子曰：朝闻道，夕死可矣。（《里仁》）

译文：孔子说：（只要）早晨知道了“道”（是什么），让我黄昏时死去都行。

子在川上曰：逝者如斯夫，不舍昼夜。（《子罕》）

译文：孔子在河岸上说：那流逝的时光就像这河水，日日夜夜不停地流呵。

面临人的生命最严峻、也是最难承受的考验时能够坚持人生目标、守护“希望”的人是强者，进而，能够把自己的人生目标建立为认识对象，把“生命”与“承受”、“考验”与“希望”联系起来去思考的人就是最强者、达到了“伟大”的强者。因为，这种境地中的“思考”开启了“智慧”的大门。

一

我们从上一章留下的问题开始：

颜渊问仁。子曰：克己复礼为仁。一日克己复礼，天下归仁焉。为仁由己，而由人乎哉！颜渊曰：请问其目。子曰：非礼勿视，非礼勿听，非礼勿言，非礼勿动。颜渊曰：回虽不敏，请事斯语矣。（《颜渊》）

译文：颜回向孔子请教“仁”是什么。孔子说：克制自己的私欲、懈怠和不自信，使得自己的一切言行都恪守周礼，这就是“为仁”的法门。哪怕能有一天做到了克己复礼，天下人看到了就会服膺于“仁”。为仁求仁，全在自己，世界上没有任何人能够改变这一点！颜回又问：请告诉我具体的条目。孔子说：不合周礼规范的事情不看，不合周礼规范的话不听，不合周礼规范的话不说，不合周礼规范的事情不做。颜回说：我虽然迟钝，但请允许我奉行您的教诲。

留下的问题是：按常理说，就算一个人的日常行为尽善尽美地符合某种社会制度的规范，与在历史现实中恢复这种社会制度也是风马牛不相及的事情；也就是说，相应于“仁”的目标是恢复西周的社会制度，从个人的日常行为规范——“非礼勿视，非礼勿听，非礼勿言，非礼勿动”入手，有用吗？

“一日克己复礼，天下归仁焉”，孔子的眼光要深邃得多。恢复周礼的制度，当然需要政治权力，使用国家的暴力机器强力推行，所以孔子奔走列国，以期“苟有用我者，期月而已可也，三年有成”，（《子路》）【译文：孔子说：如果有用我主持国家大政的，我能够在一年内让政事走上正轨，给我三年，便会有所建树】但根本上需要在人心中恢复周礼的权威。

“郁郁乎文哉”！周礼曾经具有无与伦比的权威，至今已沦落不堪，究其根源是丧失了在人心中的权威。所以，如果周礼的权威性不能在人心中恢复，执政者虽然可以使用政治权力在制度上恢复周礼，但不过徒有其表而已。所以，在人心中恢复周礼的权威是在制度上恢复周礼的基础。

这就是“克己复礼为仁”的深义：通过“礼”的肉身化来展示“礼”的人性魅力，以恢复“礼”在人心中的权威。

“非礼勿视，非礼勿听，非礼勿言，非礼勿动”，就是让“礼”的规范化身在一个可感的肉身存在中——夫子自道的“七十而从心所欲不踰矩”（《为政》）【译文：七十岁则随心所欲皆中规中矩】就是这样的完美化身。然后，通过这个可感可知、可交往可亲近的化身，人们就会发自内心地认同“礼”，所以说“一日克己复礼，天下归仁焉”。

这就是孔子“仁”的学说的内在理路：以个人的德性养成为发端、为起手，以天下老百姓都能过上好日子为归宿、为目标。后世儒者据此发展为“格物、致知、诚意、正心、修身、齐家、治国、平天下”之序列（《礼记·大学》），并且被视为“大道之要”（朱熹《〈大学〉章句序》）。

但是，生活历史和理论逻辑是两回事，如果在现实生活中，有人焉，“德之不修，学之不讲，闻义不能徙，不善不能改”，（《述而》）【译文：德性不能砥砺，学养不能切磋，听到“义”之所在却不能以身赴之，知道自己的缺陷却不能改正】却做出了“一匡天下，民到于今受其赐”（《宪问》）【译文：一举匡定天下的大局，老百姓到今天还蒙受着他的恩泽】的历史伟业，又该怎么看呢？

这个难题是管仲留给孔子的。

子曰：管仲之器小哉！或曰：管仲俭乎？曰：管氏有三归，官事不摄，焉得俭！然则管仲知礼乎？曰：邦君树塞门，管氏亦树塞门。邦君为两君之好，有反坫，管氏亦有反坫。管氏而知礼，孰不知礼！（《八佾》）

译文：孔子说：管仲这个人真是不成才呵！有人（不太同意，争辩）说：那管仲的生活还算简朴吧？孔子说：姓管的采邑收的是三倍租税（译注：此从杨伯峻之说），采邑的各级官员没有兼差的（译注：开支自然浩大），怎么能说姓管的生活简朴呢！（那人又争辩）说：那么，管仲有“知礼”的美德吧？孔子说：（根据周礼，）一国之君的宫殿门前要立一个塞门，姓管的在自家大门外也立了一个塞门。（根据周礼，）一国之君为了设宴招待其他国家的君主，在殿堂上要垒一个反坫，姓管的家中大堂上也垒了一个反坫。要说姓管的“知礼”，那就没有不“知礼”的人了！

“器小”，在孔子的用语中，实在是非常糟糕的评价，本书翻译为“不成才”。

首先，孔子说“君子不器”。（《论语·为政》）【译文：君子不能像器物那样（只有某种固定的用途）】器，物之可用者也，而一物有一物之用，物以其所用相区别，如瓠之用为饮，簋之用为食，而瓠难以为食，簋难以为饮，但人不是物，故不应以“器”为用，也就是“器者，各适其用而不能相通。成德之士，体无不具，故用无不周，非特为一才一艺而已。”[1]

在孔子看来，君子当以天下为怀，“君子之於天下也，无适也，无莫也，义之於比。”（《里仁》）【译文：君子立身于天地之间，没有什么是一定要做的，也没有什么是一定不能做的，跟着道义走就是了。】君子心系天下兴亡，以苍生疾苦为念，以百姓安宁为志，何为乎？何不为乎？应当做什么就去做什么罢了。

这里可以提及一件有意思的事情。后世中国人似乎不太同意、或者不太懂孔子的“君子不器”，我们推崇“成

1　朱熹《四书章句集注》，第58页，中华书局2011年。

器”。鄙夷一个人，说他“不成器”；赞美一个人，说他是“庙堂之器”；至于说一个人“大器晚成”，是在赞美他取得了很大成就的同时，还表达出对他不惜以青春为代价的敬佩。与此相应，倒是一个外国人读懂了孔子，孔子两千多年以后的德国著名社会学家马克斯·韦伯说，“‘君子’是美学价值。因此也不是某位神的‘器’”，[1] 可谓是一语中的，虽然他错误地把“君子”当作了儒家的人格理想。[2]

其次，在孔子看来，即便不是君子，其“器”也有大小之别。“子谓子贱，君子哉若人！鲁无君子者，斯焉取斯？子贡问曰：赐也何如？子曰：女，器也。曰：何器也？曰：瑚琏也。”（《公冶长》）【译文：孔子评论他的学生子贱说：君子呵，这个人！想必鲁国是有君子的，否则子贱效仿谁才成其为一个君子的？子贡问道：我是怎样的人？孔子说：你算是一个器物吧。子贡说：什么样的器物？孔子说：瑚琏（译注：用在宗庙祭祀中一种尊贵的礼器）。】

孔子称赞其弟子宓不齐为“君子”，且推测说，鲁国肯定是有君子的，否则宓不齐是受什么人的影响而成其为君子的呢！子贡适时地接过了孔子的话头，请孔子给自己一个评价。孔子直白地告诉子贡他算不上君子，不过是一件器物而已。子贡似乎欣然接受这一评价，接着追问自己是怎样一件器物。孔子回答说，你算得上是庙堂之器。庙堂之器者，自然优于山林草莽之器，这一回答想必能够让子贡满意。

那么，孔子以管仲为“器小”，是说此人不但不是君

---

1 马克斯·韦伯《儒教与道教》，王容芬译，第 300 页，商务印书馆 1995 年。

2 请参见拙著《道德哲学引论》，第 211 页，上海人民出版社 2006 年。

子，在器物之中也是不足道的，对于高居庙堂之上称雄一世的管仲来说，这一评价真正算得上是贬抑之极了。

其实，就管仲的为人处事而言，孔子的评价相当中肯。根据太史公的记载，“管仲曰：吾始困时，尝与鲍叔贾，分财利多自与，鲍叔不以我为贪，知我贫也。吾尝为鲍叔谋事而更穷困，鲍叔不以我为愚，知时有利不利也。吾尝三仕三见逐于君，鲍叔不以我为不肖，知我不遭时也。吾尝三战三走，鲍叔不以我为怯，知我有老母也。公子纠败，召忽死之，吾幽囚受辱，鲍叔不以我为无耻，知我不羞小节，而耻功名不显于天下也。生我者父母，知我者鲍子也！”[1]

所谓管鲍之交，自古被当作男人间交情的典范传为美谈；但问题是，在这种交情中，鲍叔牙固然属于难能可贵之列，管仲恐怕就迹近无赖——凭什么你就这么吃定鲍叔牙了？在现实生活中，估计没有人愿意交管仲这样的朋友，“管仲之器小哉”确然一针见血。但是……

或问子产，子曰：惠人也。问子西，曰：彼哉，彼哉。问管仲，曰：人也。夺伯氏骈邑三百，饭疏食，没齿，无怨言。（《宪问》）

译文：有人请孔子对子产做出评论，孔子说：那是一个善于施惠于人的人。再请孔子评论子西，孔子说：那个人呵，那个人呵。又请孔子评论管仲，孔子说：真是个人物呵！他褫夺了伯氏“骈”这个有着三百户人口的采邑，害得伯氏生活贫困，居然到死也没说过管仲的坏话。

1　司马迁《史记》（第七册），第 2131－2132 页，中华书局 1982 年。

子产是历史上建树良多的名臣，孔子既肯定了他让老百姓得利的一面，又含蓄地点出他有沽名钓誉的动机。——孟子接着讲的故事是："子产听郑国之政，以其乘舆济人于溱侑。孟子曰：惠，而不知为政。岁，十一月徒杠成，十二月舆梁成，民未病涉也。君子平其政，行辟人可也，焉得人人而济之？故为政者，每人而悦之，日亦不足矣。"（《孟子·离娄下》）【译文：子产在郑国主持国政，用自己的马车帮助路上的行人渡河。孟子（评论）说：这不过是小恩小惠而已，子产并不是合格的政治家。（作为一个合格的政治家，）在初冬的十一月，人可以通行的桥梁就应该造好了，到了更冷的十二月，车辆可以通行的桥梁也应该造好了，老百姓就不会为过河遭罪。君子只要很好地承担起了政治家的责任，他出行时可以有鸣鞭开道的排场，（子产却用自己的车子助行人过河，）他能把每一个过河的人都渡过河去？那些掌握政治权力的人如果想的是取悦大众，他忙得过来吗！】

与孟子相比，孔子对子产之"惠"的批评要含蓄些，肯定也要多些："子谓子产，有君子之道四焉：其行己也恭，其事上也敬，其养民也惠，其使民也义。"（《公冶长》）【译文：孔子评论子产有君子的四种德性：他待人接物态度恭顺，他侍奉君主（译注：这包括运用其政治权力、推行政策，等等，因为按照周礼，卿大夫执政就被理解为为君主服务。同理，自秦汉以至明清，官吏执政也被称作：给皇上当差）恪尽职守，他养育民众善施恩惠，他取民赋役张弛有度。】

以"彼哉，彼哉"评论子西，可以有两种解释。一，字面的意思大致是：这个人不提也罢，骨子里的意思是：这个人实在是不堪，只是君子不言人之恶，留点口德不说也罢。二，土鸡瓦狗之辈，何足道哉，如同："曰：今之从政者何如？子曰：噫，斗筲之人，何足算也！"（《子路》）【译文：（子贡）问：今天的那些当政者怎么样？孔子说：哎哟，这些个肚子里只装着几碗饭的人，提他们干什么！】

"人也"就大不一样了。从常理而论，正所谓由贫入富易、由贵入贱难，一个家族从"骈邑三百"跌落到"饭疏食"的境地，可想其不堪忍受之烈。如果这一跌落有个正主儿需要负责，那就有了不共戴天之仇，恨不能食其肉寝其皮的。但是，这家人却对正主儿管仲"没齿，无怨言"。由此可知，无论这背后又发生了怎样不为人知的事情，管仲都是一个沉甸甸的人物。

"人也"与"器小"，这两种评价难以并存；但更加戏剧化的事情还在后面：管仲是个人物，他到底是一个什么样的人物？

子路曰：桓公杀公子纠，召忽死之，管仲不死。曰：未仁乎？子曰：桓公九合诸侯，不以兵车，管仲之力也。如其仁！如其仁！子贡曰：管仲非仁者与？桓公杀公子纠，不能死，又相之。子曰：管仲相桓公，霸诸侯，一匡天下，民到于今受其赐。微管仲，吾其被发左衽矣。岂若匹夫匹妇之为谅也，自经于沟渎，而莫之知也。（《宪问》）

译文：子路说：桓公（与其兄公子纠争位获胜）杀了公子纠，（公子纠的师傅）召忽自杀殉主，（同为公子纠师傅的）管仲却不肯以身殉主。子路问孔子：（这样的人）谈不上"仁"吧？孔子说：桓公多次领导诸侯之间的同盟，消弭了战祸，都是管仲的功劳呵。这就是"仁"！这就是"仁"！

子贡问道：管仲恐怕算不上“仁者”吧？不仅桓公杀了公子纠、管仲不肯殉主，而且还（违背了忠臣不事二主之古训）做了桓公的大臣。孔子说：管仲辅佐桓公，称霸诸侯，一举匡定天下的大局，老百姓到今天还蒙受着他的恩泽。如果没有管仲，（华夏民族就会灭亡，）我今天（的样子）就是披散着头发、穿着衣襟开在左边的衣服了。他怎么可以像庸夫愚妇那样恪守着居家过日子的小节小信，（辅佐的主子被杀了，就）逃到山沟沟里自杀殉主，（这样的话，他后来那些挽狂澜于既倒的历史伟业也就不存在，）不为人所知了。

引文中的那个“谅”，意思是“信”，言而有信也。但是，与“信”是褒义词不同，“谅”却是贬义词；至于为什么“言而有信”一事居然有“信”与“谅”的区别，我们留待下一章再来讨论。现在要说的是管仲“如其仁”。

联系到上下文看，在子路评论管仲“未仁”之前，应该已经就管仲的话题说了一阵子，并且孔子表达了对管仲的某种敬意，然后才有了子路的回应。

孔子居然以“仁”称许管仲，这让众弟子瞠目结舌，所以子贡回应以“管仲非仁者与”。但是孔子坚定地认为，管仲在华夏民族生死存亡之际，挽狂澜于既倒，恩泽绵延华夏子孙者无穷，功莫大焉与“平天下”者齐，当然担得起这个“仁”字。

子贡曰：如有博施于民而能济众，何如？可谓仁乎？子曰：何事于仁，必也圣乎！尧舜其犹病诸！（《雍也》）

译文：子贡问：假如有一个人，其恩泽惠及天下老百姓、扶危济困于民众，（这个人）怎么样？担得起“仁”字吗？孔子说：何止是“仁”，那一定是“圣”了！（就博施于民而能济众而言，）大概连尧舜都有所不足吧！

“仁”的归宿和目标是博施于民而能济众，是天下老百姓都能过上好日子；而且，这个目标不可穷尽，好日子还有待更好，扶危济困更是永无松懈之时，连传说中的“圣人”尧舜也没有做得很好呵！

那么，管仲“相桓公，霸诸侯，一匡天下，民到于今受其赐”当然担得起“仁”。但是，这个“仁”字实在不能与“人也”相提并论，与“器小”更是无法并存。我们今天应该怎样看待孔子在评价管仲上的这种自相矛盾呢？

子路问君子，子曰：修己以敬。曰：如斯而已乎？曰：修己以安人。曰：如斯而已乎？曰：修己以安百姓。修己以安百姓，尧舜其犹病诸！（《宪问》）

译文：子路问怎样才能成为一个君子，孔子说：努力提高自己的德性修养，以为将来从政能够做到恪尽职守。子路再问：就这么简单？孔子说：努力提高自己的德性修养，以为将来从政做到人人各得其所。子路接着问：就这么简单？孔子说：努力提高自己的德性修养，以为将来从政做到天下老百姓各得其所。努力提高自己的德性修养，从政后做到天下老百姓各得其所，这大概是连尧舜都有所不足的吧！

修己以敬、以安人、以安百姓，孔子的“仁”以个人的德性养成为发端、为起手，以天下老百姓都能过上好日子为归宿、为目标，其学说厚重而一贯、其理路圆融而自洽，却在管仲这个历史人物身上碰了个绕不过去的大钉子，有了“器小”与“如其仁”的自相矛盾。

孔子的“仁”在理论逻辑上毫无问题，问题是生活历史并不遵从理论的逻辑，它自行其是，并且逼迫理论逻辑暴露出其必然会有的有限性。但真正重要的事情在后面：如何面对符合理论逻辑的学说在生活历史面前暴露出来的有限性？

通常有两种态度：一是尊重生活历史，坦诚地承认理论的不完善、以留待后人，一是无视、甚至歪曲生活历史来维护理论。孔子是第一种态度，一方面他毫不掩饰对管仲“修己”的不屑，另一方面又毫不含糊地称许管仲“如其仁”。

当然，第一种态度需要一种大无畏的勇气，很少人能够具有，连孟子也不行。孟子是第二种态度，《论语》中明明白白地记载着孔子对桓公和管仲事迹的评论，可是孟子还说“仲尼之徒，无道桓文之事者，是以后世无传焉，臣未之闻也”，（《孟子·梁惠王上》）【译文：孔子的门徒是不谈论齐桓公、晋文公事情的，所以没有传给（儒门的）后代，我也没有听说过】这真是睁着眼睛说瞎话。

“器小”与“仁”，在孔子的用语中，实在无法兼容，却被孔子用来评价同一个人，这只能归咎于孔子的自相矛盾，但这正是深入理解孔子其人的最好契机。

人总是有限性的存在物，其有限性不仅有属于个体的人在生活经验和思维能力等等方面必然存在着的局限性，也有属于“类”的时代生活和民族生活所存在着的局限性。所以，没有人掌握着绝对真理，更没有人能够垄断真理。

也正因为如此，要认识那些属于“类”的时代生活和民族生活的局限性，最好的契机就是从人类历史上那些真正伟大的思想家的自相矛盾之处入手，因为这种自相矛盾不是属于这些思想家个体的人，它属于这些思想家的时代生活和民族生活。

进而，要深入理解这些真正伟大的思想家作为个体的人之伟大之处，其契机也就在看他的思维被时代生活和民族生活的局限性所纠缠而不得不深陷在自相矛盾之中时，他作何选择？他是掩饰甚至文饰这种自相矛盾还是坦诚承认自己的自相矛盾？在思维达到思维的边界时，心灵便袒露了出来——当然，不是每一个人的思维都能达到思维边界的，而所谓伟大的思想家，其伟大之处就在于他的思维达到了思维的边界，并且坦诚袒露出他那颗赤诚的人心。

那么，孔子的这一自相矛盾是如何发生的？发生在思想理论和生活历史的不相“符合”上！在孔子学说中，“修己”为发端、为起手，“安百姓”、“博施于民而能济众”为归宿、为目标，这是一个必然过程和序列；但是，在中华民族的生活历史中，偏偏有个不屑“修己”却做出了“一匡天下，民到于今受其赐”伟业的管仲。

在思维达到思维的边界时，孔子坦诚地袒露出他的心灵——“微管仲，吾其被发左衽矣！”这句话表明，在孔子的心灵中，博施于民而能济众、让天下的老百姓能过上好日子才是最重要的，中华民族的生存和发展才是最重要的，“修己”不是目的，“博施于民而能济众”才是目的，管仲之不“修己”固然可鄙，但是他拯救中华民族于危难之际就足以担得起这个“仁”字。

但是，留在孔子心中的，又是怎样一份纠结和纠缠呵！

二

孔子对管仲不可能没有惺惺相惜之心：对于“君子疾没世而名不称焉”（《卫灵公》）的孔子来说，遥想起“公子纠败，召忽死之，吾幽囚受辱，鲍叔不以我为无耻，知我不羞小节，而耻功名不显于天下也”的管仲，恐怕难免心有戚戚焉。

公山弗扰以费畔，召，子欲往。子路不说，曰：末之也已，何必公山氏之之也！子曰：夫召我者而岂徒哉？如有用我者，吾其为东周乎！（《阳货》）

译文：公山弗扰盘踞在（鲁国的）费邑图谋叛乱，请孔子过去帮忙，孔子打算去。子路不高兴了，说：没有地方（可）去，就算了，何必去公山氏那里呢！孔子说：那个请我去的人，难道是吃饱了饭没事干？如果有人给予我执掌政权的机会，我就要在东方（译注：鲁国在周天子王畿——西周定都镐京、东周定都洛邑——的东边）复兴周礼！

一生以“克己复礼为仁”为志业的孔子居然对一个乱臣贼子的召唤动了心，这等荒唐的事情简直让人无言以对，所以子路连劝阻的理由都懒得说，就简简单单的一句——算了吧！孔子当然知道这事太荒唐，但是这心动得却一点都不荒唐：那个召我的人知道我有干大事的能力，我也需要干大事的舞台呵！

佛肸召，子欲往。子路曰：昔者由也闻诸夫子曰：亲于其身为不善者，君子不入也。佛肸以中牟畔，子之往也，如之何！子曰：然，有是言也。不曰坚乎，磨而不磷；不曰白乎，涅而不缁。吾岂匏瓜也哉？焉能系而不食！（《阳货》）

译文：（晋国的）佛肸（图谋叛乱）请孔子过去帮忙，孔子打算去。子路说：从前我听老师您说过，一个有意识地做坏事的人那里，君子是不会去的。（如今）佛肸盘踞在（晋国的）中牟叛乱，您却要去，这怎么说？孔子说：是的，我说过这话。（但是，你应该知道，）真正坚的东西，再怎么磨也磨不薄；真正白的东西，再怎么染也染不黑。我的一生怎么可以就像悬挂在支架上（逐渐枯萎的）匏瓜那样，没有机会被人食用！

又是为乱臣贼子的召唤动了心，还是子路劝阻其事。不同的是，这次子路说出了劝阻的理由：请您老人家注意保持言行一致！

孔子承认子路劝阻的理由没有问题，但内心深处的那种不甘心是那么地煎熬——“吾岂匏瓜也哉？焉能系而不食！”连这样的“佞”辞都脱口而出——“不曰坚乎，磨而不磷；不曰白乎，涅而不缁”。正所谓丈夫有泪不轻弹，如果不是心中的痛楚太过尖锐，孔子不会忘了他自己说过的、而且正是对子路说的——“君子疾夫舍曰欲之，而必为之辞”。（《季氏》）【译文：君子讨厌（那样一种人，）不肯明明白白地说：我就想要这个东西，却要找一个堂而皇之的借口】

子贡曰：有美玉于斯，韫匵而藏诸？求善贾而沽诸？子

曰：沽之哉！沽之哉！我待贾者也。（《子罕》）

译文：子贡说：有一块美玉在此，是把它放在匣子里藏起来，还是找一个识货的商人卖掉？孔子说：卖了吧！卖了吧！我在等待识货的人呵。

在“克己复礼为仁。一日克己复礼，天下归仁焉”之中，存在着一个绕不过去的环节——“有用我者”。哪怕“克己”已臻大成、天下已然“归仁”，倘若没有“用我者”，“复礼”还是镜花水月。所以，“吾其为东周乎”的绝对前提是“有用我者”，如同美玉之美要得到世人承认的绝对前提是“善贾”。

尽管贾者遍地，有道是“天下熙熙，皆为利来；天下壤壤，皆为利往”，[1] 可惜“善贾”必然寥寥，善贾天下者就更不世出、有待于“天命”了。所以，孔子奔走列国求“善贾”而不得，却招来微生畝一流的讥讽：“丘何为是栖栖者与？无乃为佞乎！”（《宪问》）

孔子当然不可能没有“贾者”赏识，更不可能分不清“善贾”与“恶贾”。

阳货欲见孔子，孔子不见，归孔子豚。孔子时其亡也，而往拜之。遇诸涂，谓孔子曰：来！予与尔言。曰：怀其宝而迷其邦，可谓仁乎？曰：不可。好从事而亟失时，可谓知乎？曰：不可。日月逝矣，岁不我与。孔子曰：诺。吾将仕矣。（《阳货》）

译文：（鲁国的权臣）阳货想让孔子登门拜见自己，孔

1　司马迁《史记》（第十册），第 3256 页，中华书局 1982 年。

子不去，阳货（就想了个办法，让人）给孔子送去了一只（蒸熟了的）小猪。孔子只好（登门道谢，却）挑了个阳货不在家的时候，去拜见阳货。（很是不巧，）两个人在路上碰见了。

阳货（倨傲地）对孔子说：过来！我有话对你说。（孔子走过去，）阳货说：一个人胸怀雄才大略却（不当官）听任他的祖国迷失方向，这能说是“仁”吗？孔子说：不能。阳货又说：一个人一心从政却屡屡失去当官的机会，这能说是“智”吗？孔子说：不能。（阳货接着说：）时光飞逝，人一天天在老去。孔子说：是呵。我打算做官了。

阳货绝非等闲之辈，他对孔子了解颇深，玩的是以彼之道治彼之身的顶尖招数。

他知道孔子一生以“复礼”为志业，所以给孔子送去一份厚礼——根据周礼，孔子就不得不登门道谢。于是，剧情就被设计为：孔子主动拜会权臣阳货，谈的是在鲁国出仕为官的事情。孔子自然不会上当，剧情演变成：孔子拜会权臣阳货不遇，在路上碰见了，阳货邀请孔子出仕当官。

这是一种倨傲逼人的邀请。你孔某人不是口口不离“仁”、声声不离“智”吗？那好！就谈谈你自己是否“仁”是否“智”，话说得那么珠圆玉润、无懈可击，孔子只得卑词以应。阳货最后一句“日月逝矣，岁不我与”，更是犀利地切中了“子在川上曰：逝者如斯夫！不舍昼夜”，（《阳货》）【译文：孔子在河岸上说：那流逝的时光就像这河水，日日夜夜不停地流呵】此时的孔子大概一心想着尽快结束这场对话，抽身走人，于是乎“诺。吾将仕矣”。

说了“诺。吾将仕矣”的孔子却并未“仕”，这关系的还是“信”之中的“贞”与“谅”的区别，下一章再来讨论。

王孙贾问曰：与其媚于奥，宁媚于灶，何谓也？子曰：不然！获罪于天，无所祷也！（《八佾》）

译文：王孙贾设问于孔子：（常言道，）与其巴结端坐在房屋西南角的主神，宁可巴结（等级低、却管着你肚皮的）灶神，这是什么意思呢？孔子说：不对！如果得罪了上天，不管巴结哪位神都没有用！

孔子在卫国居留，卫国的权臣王孙贾希望孔子结纳于己，故以后世所谓“不怕县官、就怕现管”之意诱之，而孔子的回答掷地有声：你说的不对，苍天在上，如果逆天而为，其罪之所遭谴者，还能向谁去祷告呢！

阳货、王孙贾之流，“恶贾”也，权倾一时而骄焰灼人，其意在借孔子之盛名为自己张目，后世所谓拉大旗作虎皮是也。“如有用我者，吾其为东周乎”的孔子当然知道，此等“用我者”与“我”冰炭不同炉，在其手下“为东周”实在是与虎谋皮的事情，这就是孟子后来说的“枉己者，未有能直人者也”。（《孟子·滕文公下》）【译文：扭曲了自己的（人格），不可能矫正别人的扭曲（人格）】

柳下惠为士师，三黜。人曰：子未可以去乎？曰：直道而事人，焉往而不三黜？枉道而事人，何必去父母之邦？（《微子》）

译文：柳下惠在鲁国当司法部门的长官，多次被罢免。有人（替他抱不平）说：你（有如此盛名）难道就不能到别的国家去（当官）吗？柳下惠说：坚持道义来为君主办事，在哪个国家能够避免一次次地被罢免？（如果）为君主办事不在乎践踏道义，又何必离开我的祖国呢？

柳下惠的问题比较小——个人的洁身自好：用我，就坚持道义当一个好官；不用我，拉倒。孔子的问题非常大——天下苍生的福祉：要恢复周礼就必须当官，所以，无人用我，不得不奔走列国以求；当官是为了恢复周礼，所以，志向不行，没奈何扬长而去以弃。

齐景公待孔子，曰：若季氏则吾不能，以季、孟之间待之。曰：吾老矣，不能用也。孔子行。（《微子》）

译文：齐景公谈到给予孔子待遇的事情，他说：像鲁国的季氏那样的地位，我没法给；给予低于季氏、高于孟氏的待遇吧。以后又说：我老了，不可能有什么作为了。孔子离开了齐国。

这是孔子四十岁左右的事情。孔子在齐国游历，希望能够得到出仕为官的机会。齐国国君齐景公为给孔子一个什么样的地位也费尽了思量，最后的决定是，不给孔子最高执政权。

当时，季氏、孟氏和叔孙氏三个家族在鲁国最有权势，但掌握鲁国政权的是季氏，孟氏没有实权，位在三家之末。所以，齐景公的意思是：给孔子一定的实权，但不是季氏那样实际上的最高执政权。当然，齐景公也知道，没有实际上最高执政权的孔子是没有办法实现其政治抱负的，所以感慨自己是一个没有作为的君主。显然，在齐国是不可能

"为东周"了，孔子走了。

齐人归女乐，季桓子受之。三日不朝，孔子行。（《微子》）

译文：齐国赠送来一批歌姬舞女，（鲁国的当政者）季桓子接受了。三天没有上朝办公，孔子离职走了。

那是孔子五十六岁以后的事情。当时，孔子任大司寇、兼掌相权，鲁国初治。这让隔壁的齐国非常担忧，生怕鲁国不断强大起来，就想了这么个法子，诱鲁国实际的最高执政者季桓子耽于享乐。季桓子果然乐不思蜀，把国家大事抛于脑后。孔子的心冷了：鲁国励精图治尚且无望，更何况"为东周"!

这就是孟子说的，"吾未闻枉己而正人者也，况辱己以正天下者乎"，（《孟子·万章上》）【译文：我没有听说过，扭曲了自己的（人格），还能矫正别人的扭曲（人格），更何况自取其辱的人还能（指望他）匡正天下】在孔子看来，在耽于享乐的季桓子手下继续为官不去，是自取其辱。

子曰：事君尽礼，人以为谄也。（《八佾》）

译文：孔子说：侍奉君主，恪守周礼中规定的规制，人们当作是谄媚君主。

从政，一个绕不开的难题是如何对待荣辱。

首先是确立怎样的荣辱观？孔子以不能正天下却贪图富贵、恋栈不去为辱，世人以不能富贵为辱。其次是如何坚守高扬着人的尊严的荣辱观？事君尽礼，孔子认为人的尊严尽在其中；比如，“拜下，礼也；今拜乎上，泰也；虽违众，吾从下”，（《子罕》）但是在世人看来，别人拜见君主只磕一次头，你却装模作样地磕两次头，不是媚主求荣又是什么！于是，孔子受到了“媚主求荣”之辱。

荀子曾经专门作过一篇文章《荣辱》，其中说荣辱与穷通的关系可谓得失参半，“荣辱之大分、安危利害之常体：先义而后利者荣，先利而后义者辱；荣者常通，辱者常穷；通者常制人，穷者常制于人，是荣辱之大分也。”（《荀子·荣辱》）【译文：是荣耀，还是耻辱？其根本区别、并且关系着（一个人的）安危利害的规律是：把“义”放在“利”前面就能获得荣耀，把“利”放在“义”前面只能获得耻辱；获得荣耀者处处顺利，获得耻辱的人处处不顺；处处顺利的人，事事都能控制别人，处处不顺的人，事事只能被别人控制——这就是荣耀与耻辱的根本区别。】

分开来看，荀子说的“先义而后利者荣，先利而后义者辱”和“荣者常通，辱者常穷；通者常制人，穷者常制于人”说得都很好，但是，连起来就大有问题了。因为，“先义而后利者”之“荣”、“先利而后义者”之“辱”之类高扬着人的尊严的荣辱观并不为世人所真心信奉，实际上大行其道的是以“富贵”为“荣”、以“贫贱”为“辱”的荣辱观。于是，“荣者常通，辱者常穷”往往就成了先利而后义者常通、先义而后利者常穷；“通者常制人，穷者常制于人”也就成了富贵者常制人、贫贱者常制于人。

世人以“事君尽礼”为“谄”，污名所在，孔子怎么能“通”？

子禽问于子贡曰：夫子至于是邦也，必闻其政。求之

与？抑与之与？子贡曰：夫子温、良、恭、俭、让以得之。夫子之求之也，其诸异乎人之求之与！（《学而》）

译文：子禽向子贡问道：他老人家每到一个国家，总是能知道那个国家的政情。这是（他老人家）打听来的？还是有人主动告诉他的？子贡说：他老人家有温和、善良、恭敬、简朴和礼让诸般美德，所以知道了这些政情。他老人家打听这些政情，不同于其他人打听政情吧！

从政，另一个绕不开的难题是必须在荣辱之间游走。要恢复周礼就必须当官，孔子不得不奔走列国以求；进而，每到一个国家，为了能够发现机会，就不得不熟悉该国的政情内幕；于是，孔子“至于是邦也，必闻其政”。

子禽就是上文已经两次提到的“以私意窥圣人，疑必阴厚其子”（朱熹语）的陈亢，这一次他的交流对象还是子贡。

陈亢对孔子每到一个国家必能了解该国的政情内幕预设了两种情况：一，孔子私下打听来的，二，别人主动告诉孔子的。如果答案是一，则说明孔子与触目皆是的争权夺利者毫无二致，为了当官四处窥伺；如果答案是二，则明摆着是撒谎——怎么可能有人自己承担风险，把政情内幕告诉一个不相干的人呢？撒谎说明的是心中有鬼，真相不能见光，

子禽给子贡挖了个坑。可是，孔子心中没有鬼，惟愿真相能够大白于天下。子贡大大方方地承认是“求之”——打听来的，接下来是反诘：孔子“其诸异乎人之求之与”——你见过有温和、善良、恭敬、简朴和礼让诸般美德的争权夺利者吗？

不过，打听政情内幕总不是一件光明磊落的事情，虽然背后的东西“其诸异乎人之求之与”，但是这件事情叫做“窥伺”，与争权夺利者之流相同。但这确实是没有办法的事情，为了天下苍生就不得不在某些时候、某些事情上自辱其身而游走在荣辱之间。

这样在荣辱之间游走很难被人理解，连孔子的弟子们也不行。“子夏曰：大德不踰闲，小德出入可也”，（《子张》）【译文：子夏说：（事君事父一类）重大的道德原则是不能稍有违背的，至于那些小事情上的道德规范，有点出入是可以的】子夏生生地把“大德”与“小德”撅为两截，浑然不知孔子在“小德”之间“出入”是、且仅仅是为了成就“大德”，怪不得孔子说“商也不及”。（《先进》）

孔门弟子尚且如此，遑论世人！他们看到的孔子不过是触目皆是的争权夺利者中的一个。污名所在，孔子怎么能“通”？

或谓孔子曰：子奚不为政？子曰：书云：孝乎惟孝，友于兄弟，施于有政。是亦为政，奚其为为政！（《为政》）

译文：有人对孔子说：您为什么不当官？孔子说：《尚书》上有这样的话：孝呵！必须要孝敬父母，友爱兄弟，（进而把“孝”的精神）推行到政治生活中。这也就是从政了，为什么一定要当官才算从政呢！

与陈亢刻意贬抑孔子不同，这个人只是在表达他的疑惑，但是荣辱观与陈亢是一样的。在世人的荣辱观中，学得文武艺、货于帝王家是天经地义的事情，所以在这个人看来，孔子一身的本事，也不缺当官的机会，为什么不当官呢？

这个问题戳中了孔子的痛处，但是这个人并无恶意，孔子不能如同对待微生畝那样给予回击（见《宪问》），也不能直言相告：我当官是为了恢复周礼，如果志向行不通，当官对我来说就是自辱其身。于是，干脆把事情往深奥精微处说。

这个人问的是：您老人家为什么不当官？孔子故意当做——应该怎样当官？——来回答，说的是：应该以“孝”治民，最终实现家国一体，人人相亲相爱。“子曰：听讼，吾犹人也，必也使无讼乎！”（《颜渊》）【译文：孔子说：审理诉讼，我与别人没有什么不同，（我与别人的不同在于，我的目标是天下）不再有人打官司。】

接下来的事情是：怎样才能以“孝”治民、以至于最终实现家国一体呢？需要有人做两件事情，一，广泛宣扬和传播以“孝”治民之“应当”，争取能够深入人心，并且成为社会政治生活的价值准则，二，在思想理论上阐明如何才能以“孝”治民，也就是掌握政治权力的人到底应该做些什么以及怎么做。

那么，政治这件事情就有了两个方面：一，有人做官，掌握政治权力以治民，二，有人从事价值观念和政治思想学说的创造，以指导、规范和约束政治权力的运用。所以，为什么一定要当官才算从政呢？孔子一辈子都在从政！

这里，孔子说出了中国人对社会政治生活最深刻的理性认识。两千多年过去了，我们今天当然不能同意以“孝”治民的政治理念，但是，对于从事价值观念和政治思想学说的创造，以指导、规范和约束政治权力的运用“是亦为政，奚其为为政”，就只能衷心叹服了！

但是，对于问“子奚不为政”的这个人来说，这些道理恐怕让他坠入了云山雾罩之中，“滔滔者天下皆是也，而谁以易之?”（《微子》）【译文：(那东西）像洪水泛滥般淹没了大地，谁会与你一道去改变呢?】世事如此，孔子怎么能“通”?

子曰：民之于仁也，甚于水火。水火，吾见蹈而死者矣，未见蹈仁而死者也。（《卫灵公》）

译文：“仁”对于老百姓来说，比水火还重要。我见过被水淹死的、被火烧死的，却从未见过追求“仁”而死的(为什么世人见“仁”都避之唯恐不及呢)。

“先义而后利者荣”？荀子太天真了，孔子虽然完美地实践着“君子义以为上”，(《阳货》)【译文：君子把“义”当作人世间最尊贵的价值】却常常被世人所“辱”而“常穷”而“常制于人”，于是发出了孤独无助的哀鸣之声。

无独有偶，先秦另一位大哲、道家之祖老子也有类似的哀鸣：“吾言甚易知、甚易行，天下莫能知、莫能行。言有宗、事有君，夫唯无知，是以我不知。知我者希，则我者贵，是以圣人被褐怀玉。”（《老子·第70章》）【译文：我说的话那么容易懂、那么容易照着做，天下人却都不懂、都不做。我说的话都有主旨，照着我说的话去做，就能抓住事情的根本；（但是,）因为天下人都无知，所以都不懂我（译注：并行不悖而相辅相成的另一层意思是：因为我的学说以“无知”为基本主张，所以天下人都搞不清“无知”与“知”的关系，所以不懂我）。（罢了！罢了!）懂我的人少，正好证明了我的高明，胸罗珠玑的“圣人”都（只能）穿粗布衣裳。】

“克己复礼为仁。一日克己复礼，天下归仁焉”，（《颜渊》）然而，事实却是，孔子一生以克己复礼为志业，天下未“归仁”，“复礼”大业更是“常制于人”而“常穷”。

显然，在孔子“仁”的学说与现实世界之间，存在着某种隔断。虽然这一学说在理论的逻辑上——以个人的德性养成为发端、为起手，以天下老百姓都能过上好日子为归宿、为目标——无懈可击，但在现实世界面前却一再碰壁。

在孔子心中，那种纠结和纠缠越来越抽紧，那份痛楚和不甘越来越尖锐。

三

于是，孔子连乱臣贼子的召唤也动了心，虽然只是动了心，但已然非同小可。

子曰：富与贵是人之所欲也，不以其道得之，不处也；贫与贱是人之所恶也，不以其道得之，不去也。君子去仁，恶乎成名！君子无终食之间违仁，造次必于是，颠沛必于是。（《里仁》）

译文：孔子说：发财和当官，是人人都向往的，（但是，）不符合道义，就不接受；贫穷和卑贱，是人人都厌恶的，（但是，）不符合道义，就情愿生活在贫穷和卑贱中。离开了“仁”，君子怎么能成就自己的声名！君子不会有哪怕一顿饭（这样短暂）的时间违背“仁”，就算是到了慌不择路的境地，是为了“仁”，就算是到了颠沛流离的境地，是为了“仁”。

文中的“道”，当然就是“仁”，就是天下老百姓都能过上好日子。

颠沛流离的苦楚，孔子尝尽了，为乱臣贼子的召唤而动心，算是到了慌不择路的境地。尽管“贫与贱是人之所恶也，不以其道得之，不去也”，孔子最终选择了继续留在“造次必于是，颠沛必于是”之中，但是，为乱臣贼子的召唤动了心，这算怎么一回事呢？

需要对这个问题做一点说明。“动心”还是“不动心”，在先秦儒家关涉的是德性和生命是否已经达到最高境界的试金石。在这里，“动心”指心中对所信奉的信念产生了动摇，已然飘忽不定而入首鼠两端之地。

孟子说：“故天将降大任于是人也，必先苦其心志，劳其筋骨，饿其体肤，空乏其身，行拂乱其所为，所以动心忍行，增益其所不能。”（《孟子·告子下》）【译文：上天要赋予某人以重大责任，必定先要让他的心智苦楚、身体劳顿、饥寒交迫、处境穷困、所作所为都不能如意；由此动摇他的意志而坚韧他的性情，增益他的能力。】文中的“动心”指坎坷无尽的命运对一个人所怀有的美好信念（如果他有的话）带来的巨大冲击和造成的心灵恍惚，“忍性”指抵御住冲击和战胜恍惚，坚守住自己的信念，使得性情更加坚韧、意志更加坚定。

与此相应，“不动心”指已经没有任何坎坷、挫折、苦难和压力能够冲击到人生的信念，这一信念已然通过这个人肉身化了，所以是一个人德性和生命达到最高境界的标识。

“公孙丑问曰：夫子加齐之卿相，得行道焉，虽由此霸王，不异矣。如此，则动心否乎？孟子曰：否，我四十不动心。曰：若是，则夫子过孟贲远矣！”（《孟子·公孙丑上》）【译文：公孙丑问孟子：您假如得以成为齐国的卿相，能够实现自己的志向，从此或成就霸业、或成就王业，那是没问题的。如果这样（有成为齐国卿相的机会），您会（因为压力大而）动心吗？孟子说：不会，我从四十岁起就做到不动心了。公孙丑说：这么说来，您比孟贲（译注：先秦时期著名的勇士）强多了。】

文中的“动心”依朱熹注指为一身系王霸之大业而“恐惧疑惑”[1]、也就是担心自己搞砸了。孟子自诩“我四十不动心”：我的信念已然坚不可摧，我的生命已然“道”成肉身，如此，孟子过孔子远矣！又何必“过孟贲”！

这里不去讨论孔子与孟子之间的“远近”，只说孔子在“动心”之“后”的事情，以揭示出智慧之门是怎样被开启的。

子曰：已矣乎！吾未见能见其过而内自讼者也。（《公冶长》）

译文：罢了！我没有见过发现自己的错误所在、还能在内心中自己跟自己打官司的。

人人都会犯错，犯了错以后却不同。

有人浑然不知，有人文过饰非，有人自知其非却不了了之，有人自知其非、意欲改变却不得其门；有人则在内心中建立一个法庭，让“是”与“非”两造正面交锋，以明了错在何处、为什么会犯错、怎样才能不再犯同样的错，

1　朱熹《四书章句集注》，第213页，中华书局2011年。

等等，是谓“能见其过而内自讼者”。孔子说他没有看见过这样的人，话语之间，颇有些痛心疾首的意思。那么，孔子在见到自己为乱臣贼子的召唤而动心之“过”，尤其是见到更大的“过”——自己的学说与现实世界之间存在着某种隔断——又是怎么“自讼”的？

由于“文献不足故”，孔子的“自讼”过程是不可得而知了，但是我们知道孔子内心深处那个法庭的最终判决，也就是“自讼”的结果。

子曰：若圣与仁，则吾岂敢！抑为之不厌，诲人不倦，则可谓云尔已矣。（《述而》）

译文：说到“圣”和“仁”，我怎么担得起！不过，我追求“圣”和“仁”从未停止，教导别人追求“圣”和“仁”从未懈怠，这倒是可以说的，如此而已。

“修己以安百姓”为“仁”，充分实现了“仁”、也就是“博施于民而能济众”的人为“圣”，虽然尧舜被称颂为“圣”，但事实上大概还是有所不足。孔子一生不懈修己，虽或已臻大成之境，但于“安百姓”无所作为，所以担不起“圣”和“仁”，可谓实事求是！

“则可谓云尔已矣”一句，语气悲凉——在孔子看来，虽然一生“为之不厌，诲人不倦”，但实际上毫无作为，则此生意义何在？更要命的是，问题出在什么地方？

前面说过，孔子“仁”的学说有其内在理路：以个人的德性养成为发端、为起手，以天下老百姓都能过上好日子为归宿、为目标；这一内在理路在逻辑上无懈可击，在历史上也有蓝本——尧、舜、禹，以至文武周公，不由人不信服。但是，这一内在理路却在现实世界碰了壁：一方面，有人焉，如管仲，“德之不修，学之不讲，闻义不能徙，不善不能改”，却做出了“一匡天下，民到于今受其赐”的历史伟业；另一方面，有人焉，如孔子，修己虽或已臻大成之境，于“安百姓”却空有凌云之志。

在孔子“仁”的学说与现实世界之间存在着某种隔断，而这种隔断撕裂了无懈可击的理论逻辑。为什么会这样？问题究竟出在什么地方？孔子不知道，没有人知道！于是乎就有了这样的结论：

孔子曰：生而知之者，上也；学而知之者，次也；困而学之，又其次也；困而不学，民斯为下矣。（《季氏》）

译文：孔子说：生下来就有知识的人是最佳的（资质），通过学习获得知识的人是次一等的（资质），遭逢困境然后去学习的人是再次一等的（资质），遭逢困境仍然不去学习的人就是老百姓中最差的（资质）。

以今天的常识，世上绝无“生而知之者”，孔子此言差矣。但这无关紧要，因为不仅在两千多年前古人的观念中，没有“生而知之者”才是不可思议的事情，而且孔子这段话讲的是人的资质禀赋有天生的不同，这当然是正确的。重要的是，孔子把自己归在哪个层级？

子曰：盖有不知而作之者，我无是也。多闻择其善者而从之，多见而识之：知之次也。（《述而》）

译文：孔子说：大概有一种人自己没有（相应的）知识却创立新说，我没有这种毛病。（我是）广泛听取他人的见解，选择其中正确的来取法，广泛地观察人们的所作所为，全都记在心里：算是“学而知之者”吧。

孔子把自己归在“学而知之者”之列！此处吃紧！在儒学传统中，一贯的做法是以圣人的谦虚来解释，如“孔子自言未尝妄作，盖亦谦词，然亦可见其无所不知也。”[1] 虽然以“妄作”来概括“不知而作之”，很是准确，但是朱熹这句话大有毛病：一，“未尝妄作”是“谦词”吗？朱熹的意思莫非是：孔子“妄作”，却谦虚地说自己“未尝妄作”——这简直不像话！二，朱熹从什么地方推断出“亦可见其无所不知也”？从孔子“妄作”中当然推不出来，如果是从“多闻择其善者而从之，多见而识之：知之次也”中推出来的——这简直是何患无辞了。

孔子把自己列入“学而知之者”不是谦词，是实词！如果是“生而知之者”，怎么会在管仲和自己之间找不着北？如果是“生而知之者”，怎么会在“安百姓”上无所作为，以至于自己的生命意义何在成为了问题？如果是“生而知之者”，怎么会在现实世界面前一再碰壁？心中的那种纠结和纠缠越来越抽紧，那份痛楚和不甘越来越尖锐？

孔子把自己列入“学而知之者”不是谦词，是地地道道的大实话！“多闻择其善者而从之，多见而识之”，而无论如何“多闻”，对于了解世道人心也极寡，无论如何“多见”，对于了解天下大势也极陋，所以才会在现实世界面前一再碰壁。

1　朱熹《四书章句集注》，第 96 页，中华书局 2011 年。

子曰：德之不修，学之不讲，闻义不能徙，不善不能改：是吾忧也。（《述而》）

译文：孔子说：德性不能砥砺，学养不能切磋，听到“义”之所在却不能以身赴之，知道自己的缺陷却不能改正：这些都是我所担心的。

唯因知道自己是“学而知之者”，所以不敢有孟子“夫天未欲平治天下也，如欲平治天下，当今之世，舍我其谁也”（《孟子·公孙丑下》）【译文：是上天还没有打算天下大治，如果打算天下大治，当今之世，除了我还能有谁呢】那样的顾盼自雄，公允地自认为是一个身在旅途的求“道”者。

子曰：述而不作，信而好古，窃比于我老彭。（《述而》）

译文：孔子说：只传述古人的学说而不自创新说，笃信而喜好古人创造的文明，我私下里认为自己与老彭（译注：无法确知是何人）是一类人。

唯因知道自己是一个未能“博施于民而能济众”的“学而知之者”，所以不会有孟子“我知言，我善养吾浩然之气”（《孟子·公孙丑上》）【译文：我能从别人的话语中把握他的内心世界，我在培养我（能充盈于天地之间的）浩然之气方面是高手】那样的敝帚自珍，平实地自认为只是向往古人的伟业、崇尚古人的胸襟、热爱古人的智慧。

子曰：三人行，必有我师焉；择其善者而从之，其不善者而改之。（《述而》）

译文：孔子说：几个人结伴而行，其中必定有可以为我所取法的人；（我能）择取那些正确的东西而效法，对于那些错误的东西则可以自警而改正。

唯因知道自己是“学而知之者”，所以不放过任何向他人学习的机会，也就是子贡说的“夫子焉不学！而亦何常师之有?”（《子张》）【译文：他老人家哪里不能获得知识（周文王周武王的大道）！何必一定要一个固定的老师呢?】

但是，这中间有一个问题、一个非常重要却容易被轻轻滑过去的问题：怎么才能分辨“善”与“不善”呢?“择其善者而从之，其不善者而改之”，其前提是分辨“善”与“不善”，然后才能“择”、才能“从”或“改”。可是，对于一个“学而知之者”来说，他并不“在先”地知道“善”与“不善”之所在，他需要在“三人行”中求得“善”与“不善”之“知”，他是怎么做到这一点的?

子曰：吾有知乎哉?无知也。有鄙夫问于我，空空如也，我叩其两端而竭焉。（《子罕》）

译文：孔子说：我有知识吗?没有呵！（曾经）有一个庄稼汉来问我，（他所问的问题）我一点都不知道，我就从（问题的）两端尽可能地与他对话。

这句话是孔子自省之词，大有深意却不容易把握，需要认真对待。

事情的起因大概是，有一个普通的庄稼汉问了孔子一个问题，孔子觉得这个问题有意义，却不知道答案，从而引起了孔子的兴趣。于是，孔子竭尽所能地与这个庄稼汉对话，从其“已知”和“知其所不知”之“两端”去引导，以使这个庄稼汉对自己的问题越来越明确。虽然结果仍然是没有答案，但是这个庄稼汉“知道”了自己究竟希望知道些“什么”，而孔子也通过这场对话“知道”了这个庄稼汉的愿望、想法和表达方式。

这是两个“无知者”的对话互动，虽然从“已知”角度看，这两个人实在有天壤之别，但是从“知其所不知”角度看，这两个人却完全平等。如果孔子自居于“已知”，那就没有这一场对话互动了，但是孔子却立足于一贯的“无知者”立场展开了一场的“求知”之旅，结果是双方都朝向“已知”迈进了一步。

“知”之为事，从“已知”和“知其所不知”之两端“向中”而行，故此“两端”为“知”之起点，舍此“两端”而求“知”不啻缘木求鱼。进而，“知（智）”之为德，根本上在于“知之为知之，不知为不知，是知也”，（《为政》）【译文：知道什么就是什么，不知道的就不知道，（不强不知以为知）这就是“智”德】如孔子尽管对樊迟请学稼学圃之问很不以为然，但仍然老老实实地回答“吾不如老农”、“吾不如老圃”（《子路》），承认自己不知道怎么种庄稼、也不知道怎么种菜。前文说过，“仁”离不开“智”、“智”也离不开“仁”，作为“知（智）”德，“知之为知之，不知为不知，是知也”正是“仁”的发用。

以“知（智）”之德为“知”之事，就开启了智慧之门。

子曰：舜其大知也与！舜好问而好察迩言，隐恶而扬善，执其两端，用其中于民，其斯以为舜乎！（《礼记·中

庸》第 6 章）

译文：孔子说：舜真的是有大智慧呵！（他从来不师心自用，）遇事总是咨询他人的意见，尤其是听取普通老百姓的意见，然后择其善者而从之，择其不善者而改之，（那么，他又是怎么知道何者为善、何者为不善的呢?）他总是先把握事情的两个极端，然后取其中间而用之于民，这就是舜之为舜的地方吧！

这个世界上没有“生而知之者”、更没有全知全能的人，但是这个世界上有“智慧”、有知道怎样去求知的人。所谓智慧，就是从“无知”中“开”出“知”的能力；所谓知道怎样去求知的人，就是以“知（智）”之德为“知”之事，就是永远自居“无知者”的立场，在与他人的交往共事、共谋发展和共同奋斗中，有所疑则“叩其两端而竭焉”、有所得则“执其两端而用中”。

子曰：默而识之，学而不厌，诲人不倦：何有于我哉！（《述而》）

译文：孔子说：（把所见所闻）默默地记在心里，努力学习从不满足，教导弟子从不懈怠：这些事情对我有什么困难吗！

与上面所引用的“若圣与仁，则吾岂敢！抑为之不厌，诲人不倦，则可谓云尔已矣”相比，“为之不厌，诲人不倦”变成了“学而不厌，诲人不倦”，而其意则一。“为之”的“之”指“圣与仁”、意思是“追求成为圣人与仁人”，那么，作为一个“学而知之者”，追求成为圣人与仁人的过程就必然是一个学而知之的过程。

知乎此，可称“知”矣！这个世界上如果确实没有“生而知之者”，这种属于“学而知之者”之“知”就是“人”的智慧、是“人”唯一所能具有的智慧。

第四章

有一种惺惺相惜的尊敬为了无可忘却

智慧是“人”的品格、是人的生命最高成就。作为个体生命的当下实现，“智慧”不是“知识”，就算一个人真的做到了“无所不知”，也可能毫无“智慧”；因为，“知识”是被“智慧”生产出来的，一个无所不知的人如果没有能力生产出新的知识，不过就是一个大容量的电脑硬盘而已。“智慧”也不是“聪明”、不是高智商，在根本上是对人的生命有限性的领悟，并且在此基础上义无反顾地做出某种决断的能力——把自己这个有限的生命实现为什么“东西”。所谓义无反顾，是因为人的有限性决定了你不可能知道自己能否实现为这个“东西”，却必须在先地做出决断；于是，智慧弥漫着挥之不去的忧伤。

道不行，乘桴浮于海。（《公冶长》）

译文：我的“道”行不通了，我就扎个木筏漂洋过海（归隐）去。

子欲居九夷，或曰：陋，如之何？子曰：君子居之，何陋之有！（《子罕》）

译文：孔子想归隐于化外之地，有人说：那些蛮荒的地方没有文明开化，怎么能居住？孔子说：君子居住在那里，怎么会没有文明开化！

子曰：直哉史鱼！邦有道，如矢；邦无道，如矢。君子哉蘧伯玉！邦有道，则仕；邦无道，则可卷而怀之。（《卫灵公》）

译文：孔子说：好一个正直的史鱼！国家政治清明时，他像箭矢一样刚直；国家政治黑暗时，他还像箭矢一样刚直。好一个君子蘧伯玉！国家政治清明时，他出仕做官；国家政治黑暗时，他就韬光养晦不做官。

子曰：宁武子邦有道则知，邦无道则愚。其知可及也，其愚不可及也。（《公冶长》）

译文：宁武子这个人，国家政治清明时是聪明人，国家政治黑暗时，就成了愚笨的人。他的聪明，别人赶得上；他的愚笨，没人赶得上。

仁者安仁，知者利仁。（《里仁》）

译文：“仁者”在“仁”中自安（故无往而不适），“智者”在“仁”中自利（故无往而不得）。

子曰：知者乐水，仁者乐山；知者动，仁者静；知者乐，仁者寿。（《雍也》）

译文：“智者”在（观赏）水之中（体会到生命的真谛而）快乐，“仁者”在（观赏）山之中（体会到生命的真谛而）快乐；“智者”（偏好生命的）运动，“仁者”（偏好生命的）沉静；“智者”（总是）快乐，“仁者”（更能）长寿。

这种忧伤不同于佳人悲秋、不同于才子登楼；它不是青春无悔的惆怅、不是英雄暮年的凄凉。与这种忧伤相比，陈子昂的“前不见古人，后不见来者，念天地之悠悠，独怆然而涕下”显得刚烈却失之于燥热，辛弃疾的“而今识尽愁滋味，欲说还休，欲说还休，却道天凉好个秋”显得沉郁却失之于颓唐。这种忧伤的底蕴是一种大悲悯，在洞察到人的个体生命本真性之后的大悲悯。

所以，伴随着这种忧伤的智慧心灵有着大地般的宽厚和大海般的包容，它真诚地期待不同观念的对话，也能在自嘲中消弭不同观念的冲突。既然真理不在、也绝不可能在某一个人的手中，那么，大地般宽厚和大海般包容的心灵离真理最近。更何况，诉诸共同观念的诉诸有可能是一种攻击或勾结，诉诸不同观念的诉诸却有可能是一种尊敬和默契。

一

还是从上一章留下来的问题开始——“子曰：君子贞而不谅”。（《卫灵公》）【译文：君子坚贞不二而不为以前的承诺所束缚】我们的问题是：如果说坚贞不二是君子的美德，难道言而有信不就是其体现吗？二者之间怎么会对立？

有子曰：信近于义，言可复也……（《学而》）

译文：有子说：“信”德接近于“义”德，因为“信”就是在做出承诺后能够践行承诺……

从有子的话可以看到，作为美德，“信”与“义”有内在联系，并且有高下之分；在道德修养的意义上，可以通过“信”来接近“义”。也就是说，如果一个人希望习得

“义”，可以从“信”入手，即从恪守自己的承诺开始。

但是，“信”与“义”却并不总是一致的，其间存在着矛盾冲突的可能性，并且要求着本于“义”对“信”做出取舍。

孔子讲的“贞”与有子讲的“义”当然有不同，但是考虑到要讲清楚二者之间的联系与区别需要很多篇幅，却与我们正在讨论的主题关系不大，所以我们姑且以“义”代“贞”，来讨论与“信”的关系。

我们的问题是：如果说“义”或者“贞”是君子的美德，难道言而有信不就是其体现吗？二者之间怎么会对立？这就不能不稍微讨论一下先秦儒家讲的“信”，这实在是个很复杂的事情。

一，在先秦儒家之外，还有其他学派也推崇“信”。先秦法家在强化政治统治权威的意义上高举着“信”的大旗，如商鞅就有“徙木立信”之举，其意正如韩非所说：“小信成则大信立，故明主积于信。赏罚不信则禁令不行。”（《韩非子・外储说左上》）【译文：在小事情上获得信任就为在大事情上获得信任打下了基础，所以圣明的君主会处心积虑地积累信任。赏罚不能依照法规来行使，人们也就不会遵守禁止人们做的那些法规。】至于尚侠的墨家更是以“信”为不二之信条，“言必信，行必果，使言行之合，犹合符节也，无言而不行也。”（《墨子・兼爱下》）【译文：做出的承诺一定要践行，已经做的事情一定要做到底，使得说的话和做的事完全吻合，就像调兵遣使的符节那样，没有说过的话却不实行的。】

二，先秦儒家当然以言而有信为美德，所以孔子说“人而无信，不知其可也。大车无輗，小车无軏，其何以行之哉！”（《为政》）【译文：一个言而无信的人，我不知道怎么存身于世。（就像是）牛车上没有架辕的横木輗，马车上没有架辕的横木軏，怎么能前行呢！】“信”更是他对学生的基本要求，“子以四教：文，行，忠，信”，（《述而》）【译文：孔子着重从四个方面教育学生：（系统地掌握）历史典籍、（把崇奉的价值原则全面贯彻于）行为、（无论做什么事都要）尽己、（无论说什么话都要）信实】但是，“信”在价值上却具有相对性。

在孔子有所谓“三达德”而无“信”，“子曰：君子道者三，我无能焉：仁者不忧，知者不惑，勇者不惧。子贡曰：夫子自道也。”（《宪问》）【译文：君子有三种美德，我尚未具备：“仁者”没有忧虑，“智者”不会困惑，“勇者”无所畏惧。子贡说：这正是他老人家对自己的描述。】

在孟子有所谓“四端”也无“信”，“恻隐之心，仁之端也；羞恶之心，义之端也；辞让之心，礼之端也；是非之心，智之端也。人之有是四端也，犹其有四体也”。（《孟子·公孙丑上》）【译文：（见弱小有）同情之心、是“仁”的发端，（见罪恶有）羞耻之心、是“义”的发端，（见名利有）辞让之心、是“礼”的发端，（见善恶有）是非之心、是“智”的发端。人的天性中有着四种发端，就像人生来就有手足四肢一样。】

只是到了西汉，董仲舒才在孟子的“仁义礼智”之后接上了这个“信”称作“五常”。所以，不能把先秦儒家与汉儒混同起来，就像不能把儒家和墨家混同起来一样。

在孔子，“言必信，行必果，硁硁然小人哉”！（《子路》）【译文：说过的话就一定要兑现，已经做的事情就一定要做到底，这就像小河滩边的鹅卵石那样是平庸无用的

人物呵】

在孟子，“大人者，言不必信，行不必果，惟义所在”。（《孟子·离娄下》）【译文：德性高尚的人，做出的承诺未必统统要践行，所做的事情未必统统要坚持，（是践行还是废弃做出的承诺，是坚持还是放弃正在做的事情，）唯一的原则是“义”】

“信”可能与“义”相一致，是美德；“信”也可能与“义”相对立，孔子称为“谅”，不是美德。“谅”之不可取在于见木不见林，只顾着兑现说过的话，却不问当初说话的初衷以及情势的变化，也就是孟子讲的“执一”：“所恶执一者，为其贼道也，举一而废百也。”（《孟子·尽心上》）【译文：“执一”有害于“道”，因为只顾及事情的一个方面，其他各个方面都被置之脑后。】反过来说，“信”之为美德，其前提是与“义”相一致。那么，何谓义？

上文谈到了阳货邀请孔子出仕的事情。阳货的邀请不仅倨傲逼人，更重要的，像阳货那样的“陪臣执国政”[1] 正是孔子“复礼”所要匡正的，所以孔子不可能在阳货手下出仕。但是，这场对话以孔子的“诺。吾将仕矣”结束，其后孔子却并未“仕”，那么，孔子为什么“言而无信”?

其实，“言而有信”是有前提的，这就是其“言”为“信言”、即真诚而自愿做出的承诺，然后才有义务兑现其承诺、即“有信”。但是，孔子对阳货说的“诺。吾将仕矣”却不是“信言”，是在阳货淫威逼迫下的虚与委蛇之言，所以不存在兑现其承诺、即“有信”的道义要求。

那么，“吾将仕矣”为什么不是“信言”? 孔子为什么

1　司马迁《史记》（第六册），第 1914 页，中华书局 1982 年。

以“诺”来与阳货虚与委蛇？就是必须讲清楚的事情了。

阳货是“事实上”的鲁国执政者，孔子是鲁国的臣民，这就使得孔子与阳货的交往成了麻烦之极的事情。

孔子应该按照周礼中臣下应对执政者的礼数规范与阳货交往吗？不能！因为阳货的鲁国执政者地位“名不正”、不符合周礼的规制。孔子不应该按照周礼中臣下应对执政者的礼数规范与阳货交往吗？不能！因为阳货是“事实上”的鲁国执政者，孔子肯定不能把他当做一个家臣（阳货的“身份”确实是鲁国权臣季氏的家臣）来交往。孔子无法名正言顺地与阳货交往，惹不起躲得起，于是就有了“阳货欲见孔子，孔子不见”。但是在阳货“归孔子豚”后，实在没办法了，就有了“孔子时其亡也，而往拜之”的事情。

既然交往双方的身份“名不正”，接下来就必然“言不顺”，也就句句都是虚与委蛇之言。所以，孔子的“诺”不是“承诺”，“吾将仕矣”不是“信言”。

“贞”者，“正”也；“义”者，“宜”也。在这个案例中，“贞”之为“正”就是“周礼”，孔子与阳货两人之间的关系已然不“正”，如果孔子拘于“吾将仕矣”而“仕”就是“谅”，成了“硁硁然小人哉”。反过来，孔子本于“周礼”之“正”而“不信”乃谓“义”。

只要不是真诚而自愿做出的承诺就不是“信言”，比如在外力胁迫下做出的承诺，太史公在《史记》中记述了这样的案例。

孔子离开陈国去卫国途经蒲国，蒲人担心孔子到了卫国后对蒲国不利，就用武力阻止孔子去卫国。正好孔子这次出行也是人多势众，双方打得不亦乐乎。蒲人害怕了，就提出讲和，条件是孔子不得去卫国。孔子接受了这个条件，蒲人放行，但孔子离开蒲国后还是去了卫国。于是，“子贡曰：盟可负邪？孔子曰：要盟也，神不听。”[1]

“要盟”就是在胁迫之下订立的盟约，连神祇也不承认。在胁迫之下做出的承诺不是“信言”，无须“有信”、即没有兑现承诺的道德义务，“言而无信”可也。其背后的理据是，“胁迫”已属“不正”，即两个人的关系处在不正常的情势中，居于强势的一方利用其强势地位来谋求不正当的利益；那么，居于弱势的一方以一个虚假的承诺来“对冲”强势一方的恶意，就是理所当然的事情了。

无论是交往双方的身份“名不正”，还是交往双方的关系处在“不正”的情势中，都处在“言不顺”之中，故其所言之“不信”无可非议。不顾其“正”而“信”是“谅”，本于“正”而“不信”是“义”，此间的道理清清楚楚。

但麻烦的是，这些事情并不永远是清楚的，也有本于“正”而“不信”却未必“义”的情况，比如下面这个案例。

陈司败问昭公知礼乎？孔子曰：知礼。孔子退，揖巫马期而进之，曰：吾闻君子不党，君子亦党乎？君取于吴为同姓，谓之吴孟子。君而知礼，孰不知礼！巫马期以告。子曰：丘也幸，苟有过，人必知之。（《述而》）

译文：陈司败问孔子：鲁昭公“知礼”吗？孔子回答：“知礼”。孔子离开后，陈司败向（孔子的弟子）巫马期作了个揖，请他走近自己，说：我听说君子是不搞团团伙伙那一套的，难道君子也搞团团伙伙吗？（刚才孔子说昭公“知

1　司马迁《史记》（第六册），第 1923 页，中华书局 1982 年。

礼”，可是，）昭公娶了吴国的女子（译注：吴国君主的后裔），由于吴国和鲁国（的国君）都姓姬，（按照周礼应该称为“吴姬”，这就赤裸裸地暴露出违背了周礼“同姓不婚”的规制，为了遮丑，）所以给了她“吴孟子”的称谓。如果连昭公都算“知礼”，还有不“知礼”的人吗！巫马期把这话转告过孔子。孔子说：我真是幸运，只要有过失，就有人看到。

所谓知礼，前面说过，系统而全面地了解周礼的知识固然是基础，但是躬身奉行才是根本；所以，陈司败问鲁昭公是否“知礼”，意在鲁昭公是否奉行周礼。

陈司败明明知道鲁昭公在奉行周礼方面亏欠甚大，故此一问就别有深意了；虽然今天不可能确切知道陈司败此一问究竟意在何处，但大要不外是给孔子出一个道德难题。

孔子的回答是“知礼”——他明明知道“君取于吴为同姓，谓之吴孟子”，却说鲁昭公在奉行周礼方面无所亏欠，此言“不信”！

这儿的“不信”在意思上又转深了一层：前面说，“信言”是真诚而自愿做出的承诺，其人在兑现了承诺以后，称之为“有信”；那么，相应于“真诚”，“信言”更为基本的意思是——“真实”、实有其事。“信言”是真实不虚之言，这个“信”是“信实”的意思：一是实有其事，二是实有其意。所以，“信言”之所言真实不虚，一指所说的事实有根据，不是道听途说或捕风捉影等，二指所做的承诺有诚意，不是虚与委蛇或信口雌黄等。

如果意在陈述事实，则“信言”的意思是其所言者实有其事，而无关于承诺是否实有其意；进而，如果意在做出承诺，其所言者总是先实有其事，然后才能实有其意。

所以，“信言”包括真实和真诚两个方面，也就是实有其事和实有其意；反之，“不信”之“过”有三层：一、所做出的承诺不“实”，二、所陈述的事实不“实”，三，最大的“不信”是明明知道事实真相，却故意歪曲事实。孔子的“知礼”之答“不信”之极！

幸而有太史公深知孔子心意，他在“丘也幸，苟有过，人必知之”之后补上一句“臣不可言君亲之恶，为讳者礼也”[1]，则明明白白地点出了孔子面临的道德难题：为尊者讳是周礼的要求：为子女者不可言说父母之恶、为臣子者不可言说君上之恶，所以，孔子只好说昭公“知礼”。

孔子没有解开陈司败出的道德难题，陈司败得到了他想要的，以一句“吾闻君子不党，君子亦党乎”为孔子定了性。

这里的“党”，意思是不讲善恶是非、以亲疏利害为纽带纠结在一起的一群人，故译为“团团伙伙”。这样的“党”当然为孔子所不耻——“子曰：君子矜而不争，群而不党”，（《卫灵公》）【译文：君子庄重矜持而不与人争斗，善于与人相处而不搞团团伙伙】但是，孔子却因为“臣不可言君亲之恶，为讳者礼也”，说出了罔顾甚至歪曲了事实的“不信”之言，被陈司败定性为搞团团伙伙的“小人”。那么，孔子有辩乎？无辩乎？

依《论语》的文本“丘也幸，苟有过，人必知之”，孔子无辩：他以“有过”承认了自己的“知礼”之言“不信”。依《史记》的文本“丘也幸，苟有过，人必知之。臣不可

1　司马迁《史记》（第七册），第2218页，中华书局1982年。

言君亲之恶，为讳者礼也”，孔子有辩：他解释了自己“不信”的原因。但是，无论孔子有辩还是无辩，置身于道德困境的窘态都无可掩饰：不同的道德原则和要求之间存在着冲突，有时甚至是直接对立的，你不可能同时满足它们，无论你怎么做，也无论你怎么辩解，都无法逃脱他人正当的道德指责。

德国著名社会学家马克斯·韦伯把这称为“诸神的冲突”，意思是：人类所崇尚、追求的各种价值都是“神”，都要求人类衷心侍奉；但是，却不可能办到，“形象地说，你将伺奉这个神，如果你决定赞成这一立场，你必得罪所有其他的神”。[1] “礼”是孔子衷心侍奉的“大神”，乃有“克己复礼为仁”，但是，这里就得罪了“信”这尊“神”，并且由此——正当地——被陈司败归置到“小人”的行列。

置身于“诸神的冲突”之中，那一个个的个人实在是太渺小了，但是，为了不放弃“人”的尊严，就必须在深刻理解人的这一生存处境的基础上，做出自己的选择。“从生命本身的性质来理解，它所知道的只有诸神之间无穷尽的斗争。直截了当地说，这意味着对待生活的各种可能的终极态度是互不相容的，因此它们之间的争斗，也是不会有结论的。所以必须在它们之间做出抉择。”[2]

孔子做出了自己的选择：为了“礼”而不惜得罪“信”，但是，由此被别人归置到“小人”的行列中，并且这一归置的正当性无可置疑，个中的滋味真正是苦涩得紧！

按照古人的说法，孔子问学过老子，如果太史公的记

1　马克斯·韦伯《学术与政治》，冯克利译，第44页，三联书店1998年。

2　同上，第44-45页，三联书店1998年。

载是信史——“孔子适周，将问礼于老子……孔子去，谓弟子曰：鸟，吾知其能飞，鱼，吾知其能游，兽，吾知其能走；走者可以为罔，游者可以为纶，飞者可以为矰，至于龙，吾不能知：其乘风云而上天。吾今日见老子，其犹龙邪!”[1] ——那么，孔子对老子学说一定很熟悉，并且对其中的一些说法一定会心有戚戚吧。

比如“信言不美，美言不信”，（《老子·第81章》）【译文：信实的话不好听，好听的话不信实】孔子也说：“巧言令色，鲜矣仁!”（《学而》）【译文：（见人就说）好听的话、（永远是一张）和悦的脸，（这样的人）很少有“仁”德!】

再如“信不足焉，有不信焉”，（《老子·第17章》）【译文：就算“信”德做到了无懈可击仍然是不够的，还是会有人不“信”你】孔子一生的遭遇可以说是老子这句话的最好注脚，本书第一章的讨论已经够充分了。现在可以接着说的是，即便孔子在弟子面前如此自辩清白，“子曰：二三子以我为隐乎？吾无隐乎尔！吾无行而不与二三子者，是丘也”，（《述而》）【译文：孔子对他的学生们说：你们认为我把压箱底的东西藏着掖着吗？我没有呵。我做任何事情都对你们坦诚相见，这就是我孔丘的为人】可问题是，这就能让那些不“信”孔子的弟子们转而“信”孔子吗？恐怕不能！因为已然不“信”了，孔子的自辩清白反而让人觉得有此地无银三百两的嫌疑。

“多言数穷，不如守中”，（《老子·第5章》）【译文：话说多了难免就有漏洞，还是把所信奉的信念恪守在内心

1　司马迁《史记》（第七册），第2140页，中华书局1982年。

中吧】被别人正当地归置到“小人”行列中，虽然孔子的回应“丘也幸，苟有过，人必知之”仍然是那么雍容，但内心的苦涩一定会使孔子心中浮现出老子的这句话。

二

中国自古以来就有所谓隐者，并且形成了“隐逸”的传统。这一传统究竟发端于何时已然不可考，因为历史记载的是、也只能是“闻者”和“达者”的故事，但是这一传统的历史非常久远是毋庸置疑的。

尽管自古以来就流传着的那些著名的隐者故事都当不得真——如许由洗耳、巢父迁犊等等，但是早在《诗经》中就有隐逸的讴歌，如《卫风·考槃》、《陈风·衡门》等等。

《考槃》诗曰：“考槃在涧，硕人之宽；独寐寤言，永矢弗谖。考槃在阿，硕人之薖；独寐寤歌，永矢弗过。考磐在陆，硕人之轴；独寐寤宿，永矢弗告。”【译文：敲着木盘在山涧，那魁伟的身影呵心怀宽广；独自醒来自言自语，其中的快乐永远忘不掉。敲着木盘在山阿，那魁伟的身影呵志向远大；独自醒来引吭高歌，其中的快乐永远是最好。敲着木盘在山地，那魁伟的身影呵徘徊不去；独自醒来犹然高卧，其中的快乐永远不相告。】

又如《魏风·十亩之间》，诗曰：“十亩之间兮，桑者闲闲兮，行与子还兮。十亩之外兮，桑者泄泄兮，行与子逝兮。”【译文：那一片桑林之中，采桑的人儿好悠然，走吧，与你一道去采桑。那一片桑林之外，采桑人儿好自在，走吧，与你一道赶上前。】

至于那首表达着隐者心声、并且作为隐逸文化传统标识的《沧浪之歌》在春秋时期就广泛流传，也是无可置疑的历史事实。

按照孟子的说法，孔子对《沧浪之歌》有过这样的评论："有孺子歌曰：沧浪之水清兮，可以濯我缨；沧浪之水浊兮，可以濯我足。孔子曰：小子听之！清斯濯缨，浊斯濯足矣：自取之也。"（《孟子·离娄上》）【译文：（从前）有黄口小儿的歌谣唱道：沧浪的水清澈呵，可以用来洗涤我的帽缨；沧浪的水浑浊呵，可以用来洗涤我的双足。孔子说：你们这些后生听着！水清者为人用来濯缨，水浊者只能用来洗脚：（是濯缨还是洗脚）是水自己导致的。】

《沧浪之歌》的本意是：国家政治清明时，应该出仕为官，一展人生抱负；国家政治黑暗时，就应该全身避祸。孔子这里是活用其意，激励弟子们砥砺德性、奋发有为。但是，孔子对"清斯濯缨，浊斯濯足"的本意也是完全认同的。

长沮、桀溺耦而耕，孔子过之，使子路问津焉。长沮曰：夫执舆者为谁？子路曰：为孔丘。曰：是鲁孔丘与？曰：是也。曰：是知津矣。问于桀溺，桀溺曰：子为谁？曰：为仲由。曰：是鲁孔丘之徒与？对曰：然。曰：滔滔者天下皆是也，而谁以易之？且而与其从辟人之士也，岂若从辟世之士哉！耰而不辍。子路行以告，夫子怃然曰：鸟兽不可与同群，吾非斯人之徒与而谁与？天下有道，丘不与易也。（《微子》）

译文：长沮、桀溺一同耕田，孔子一行在旁边经过，让子路去问渡口在那儿。长沮反问子路：拉着驭马缰绳的是哪一位？子路说：是孔丘。长沮说：是鲁国的孔丘吗？子路说：是的。长沮说：那他应该知道渡口在哪儿。

子路只好再问桀溺，桀溺说：您又是谁？子路说：我是仲由。桀溺说：您是鲁国孔丘的门徒啰？子路说：是的。桀溺说：全天下到处是人欲滔滔、政治黑暗，你们能与什么人一道去改变呢？再者说了，你与其追随（孔丘那种）逃避恶人的人，倒不如追随（我们这样的）逃避这个恶社会的人！桀溺一面与子路说着话一面耕着田。

子路回来把这一切告诉了孔子，孔子怅然若失地说：（我们是人，）无法与鸟兽合群共处，（只能与人相处，但是真正能相处的人实在是太少了，）我如果不追随这样的人，还能与谁共处呢！（然而，）如果天下太平，我就用不着奔走列国以图变革了。

文中的“鸟兽不可与同群，吾非斯人之徒与而谁与”，传统解释认为是对隐者的否定，如朱熹说：“言所当与同群者，斯人而已，岂可绝人逃世以为洁哉！”[1] 这种解释有合理之处，但是，无论是在文字上还是在旨趣上都大可商榷。

就文字言，这种解释有牵强之处。一，“斯人之徒”之“斯”通常是代词，“那个”的意思，故“斯人”的意思是“那人”，指代长沮和桀溺，“斯人之徒”的意思是“长沮和桀溺的门徒”。

《论语》中“斯人”一词还出现过一次，即：“伯牛有疾，子问之，自牖执其手，曰：亡之，命矣夫！斯人也而有斯疾也！斯人也而有斯疾也！”（《雍也》）【译文：冉耕得了

1 朱熹《四书章句集注》，第 171 页，中华书局 2011 年。

重病，孔子去看望他，从窗户外面握着他的手说：很难活了，这就是命吧！这个人呵，竟然得了这种病呵！这个人呵，竟然得了这种病呵！】这里的“斯人”指代的是冉耕。

但是，依朱注，“斯人之徒”成了“人类的同伴”的意思，“斯”字就只能做语气词解。

二，“斯人之徒”之“徒”的意思是“门徒”，与上文的“是鲁孔丘之徒与”相对应，所以“斯人之徒”直译过来是“长沮和桀溺的门徒”，这当然是孔子的自谦之辞，译文中使用了“追随”一词来表达。

但是，依朱注，“斯人之徒”是“人类的同伴”的意思，这个“徒”被解释为“同伴”、“伙伴”，这很难成立。不仅“徒”字解释为“同伴”、“伙伴”实在牵强，而且“人类的同伴”这个词的意指只能是某种非人类、却与人类有密切、和谐关系的存在物——比如，我们经常把狗称为“人类的伙伴”。

总之，就文字而言，“斯人之徒”的意思只能是“长沮和桀溺的门徒”。依朱注，这个“人”指代“人类”，意思就要么成了“人类的门徒”、要么成了“人类的同伴”，都不成话而且不像话。

就旨趣言，桀溺所言“且而与其从辟人之士也，岂若从辟世之士哉”可谓深契孔子情怀，参之以孔子所言“贤者辟世，其次辟地，其次辟色，其次辟言”，（《宪问》）【译文：（在当今这个黑暗的社会，）真正贤明的人采取不合作的态度而隐居，次一等的人不与最不堪的当权者合作，再次一等的人不与不屑之情已经溢于言表的当权者合作，再次一等的人不与恶言相向的当权者合作】则可知业已反复经历过“辟地”、“辟色”和“辟言”的孔子不得不心有戚戚焉。

在孔子栖栖遑遑奔走列国期间，曾经多次居留卫国，其离开卫国的不同情境恰好可为“辟地”、“辟色”和“辟言”做一注脚。

“孔子遂适卫，主于子路妻兄颜浊邹家。卫灵公问孔子：居鲁得禄几何？对曰：奉粟六万。卫人亦致粟六万。居顷之，或谮孔子于卫灵公。灵公使公孙余假一出一入。孔子恐获罪焉，居十月，去卫。”[1] 卫灵公给了孔子同于在鲁国当官时的俸禄，这对于已经不过是“游士”的孔子来说可谓是优渥有加。可是，一听到小人的谗言就不行了，派人带着兵仗在孔子居处晃荡，孔子只得远走高飞，此谓“辟地”。

“灵公与夫人同车，宦官雍渠参乘，出，使孔子为次乘，招摇市过之。孔子曰：吾未见好德如好色者也。于是丑之，去卫，适曹。”[2] 卫灵公宠幸夫人南子，以至于有此荒诞之举：与南子同乘一车，让宦官驾车，还让孔子坐在后面的车子跟着。这无非是向世人炫耀：南子的美貌和孔子的盛德都为卫灵公所拥有。卫灵公对“德性”之不屑已至不堪，孔子以一句“已矣乎！吾未见好德如好色者也”（《卫灵公》）【译文：罢了罢了！我从未看到过像喜好美色那样喜好美德的人】感慨系之和深以为羞，就此离开了卫国，此谓“辟色”。

“卫灵公问陈于孔子，孔子对曰：俎豆之事，则尝闻之矣；军旅之事，未之学也。明日遂行。”（《卫灵公》）【译

1　司马迁《史记》（第六册），第1919页，中华书局1982年。

2　同上，第1921页，中华书局1982年。

文：卫灵公向孔子请教军队打仗的阵形，孔子回答说：礼仪的事情，我曾经听说过；打仗的事情，从来没有学过。第二天就离开了卫国。】卫灵公当然知道孔子以恢复周礼为志业，却“问陈于孔子”，在孔子听来，是讽刺，还是捉弄，抑或逐客？无论如何，在非常讲究言辞雍容含蓄的春秋时期，这已是恶言相向了，所以孔子第二天就离开了卫国，此谓“辟言”。

然而，“辟地”、“辟色”和“辟言”三者，都是“辟人”而已；桀溺一句“且而与其从辟人之士也，岂若从辟世之士哉”可谓一针见血，扎在了孔子心灵最痛处。这就是所谓知音！比起那些看上去衷心服膺孔子的弟子，这些隐者才是真正的知音。对于一生一世浸透了“知我者，其天乎”（《宪问》）之悲凉的孔子来说，这样的“懂”弥足珍贵，于是发出了“吾非斯人之徒与而谁与”的感慨：我如果不追随这样的人，还能与谁共处呢！

当然，事情的另一面是“道不同不相为谋”，（《卫灵公》）【译文：所主张的“道”不同（的人），无法在一起谋划事业】所以，孔子最后说的是“天下有道，丘不与易也”，如果天下太平，我就用不着奔走列国以图变革了。

那么，这里就有了一个从未得到过揭示的问题：既然“道不同不相为谋”，怎么能说桀溺这样的隐者才真的“懂”孔子，是孔子的知音？

在中国人的观念中，所谓知音，指志趣相投而且心意相通的人，如伯牙与子期的传说——“伯牙善鼓琴，钟子期善听。伯牙鼓琴，志在登高山，钟子期曰：善哉，峨峨兮若泰山！志在流水，钟子期曰：善哉，洋洋兮若江河！伯牙所念，钟子期必得之。”（《列子·汤问》）但是，在中国人的精神世界中，还有另一类知音，虽非常罕见，却更加弥足珍贵，这就是志趣相乖却心意相通的人。

子路宿于石门。晨门曰：奚自？子路曰：自孔氏。曰：是知其不可而为之者与？（《宪问》）

译文：子路在石门这个地方住了一个晚上。（第二天清早进城，）看门的差役问：从哪儿来的？子路说：从姓孔的人家来。看门的差役说：就是那个明明知道所做的事情不可能成功却偏偏去做的人吗？

不可能有比这个看门的差役更“懂”孔子的人了——明明知道所做的事情不可能成功却偏偏去做！在这个隐者的眼中，孔子是一个头破血流还不停撞墙的人、一个见到棺材仍然不肯落泪的人、一个用生命担当起理想的人、一个心甘情愿地用自己的生命来确证和昭示他所崇奉的人类生活理想——虽然没有成为现实，也许永远不可能成为现实，但是仍然——值得崇奉的人。

也许，正是因为隐者与孔子志趣相乖，所以反而比孔子的弟子们、乃至比孟子和后世所有儒家信徒能够更加清楚地“看见”孔子这个“人”，成为虽“道不同不相为谋”、却能心意相通的“另类”知音。

当然，这样的另类知音非常罕见。在先秦诸子中，另一个典型案例是庄子与惠施。

在庄子看来，惠施是一个“劳神明为一而不知其同”（《庄子·齐物论》）【译文：殚精竭虑地证明（天地万物）都一样，却不知道它们本来就一样（不劳他去证明）】以至于“骀荡而不得，逐万物而不反，是穷响以声，形与影竞走”（《庄子·天下》）【译文：挥霍他的才情却一无所得，跟在万物后面追逐已经无法回头，这简直是用不停敲击出声音的方法试图穷尽天下的音响，用拼命奔跑的方法试图追赶上自己的影子】的歧路亡羊者。反过来，在惠施看来，庄子也是歧路亡羊者，因为其学说“大而无用，众所同去”。（《庄子·逍遥游》）【译文：宏大却没有用处，所以被大家所抛弃】

更何况，两人之间还有过这样的不愉快：“惠子相梁，庄子往见之。或谓惠子曰：庄子来，欲代子相。于是惠子恐，搜于国中三日三夜。庄子往见之，曰：南方有鸟，其名为鹓鸰，子知之乎？夫鹓鸰发于南海而飞于北海，非梧桐不止，非练实不食，非醴泉不饮。于是鸱得腐鼠，鹓鸰过之，仰而视之曰：吓！今子欲以子之梁国而吓我邪？”（《庄子·秋水》）【译文：惠施做了梁惠王的国相，庄子去梁国看望惠施。有人向惠施进谗言：庄子来是要争夺你的相国之位。惠施很是担心，在国内搜寻庄子，整整搜了三天三夜。庄子还是去见了惠施，说：南方有一种鸟，名叫凤凰，你知道吗？凤凰从南海出发飞往北海，一路上只休息在梧桐树上、只食用竹子的果实、只饮用洁净的泉水。有一只猫头鹰刚刚找到了一只腐烂的老鼠，正好凤凰从猫头鹰头上飞过，（猫头鹰以为凤凰要抢夺它的腐鼠，）就抬起头对着凤凰发出了恐吓的声音：吓！——如今您是用您的梁国来吓我吗？】

庄子与惠施同样是“道不同不相为谋”，但是，庄子却引惠施为唯一的知音：“庄子送葬，过惠子之墓，顾谓从者曰：郢人垩漫其鼻端若蝇翼，使匠人斲之。匠石运斤成风，听而斲之，尽垩而鼻不伤，郢人立不失容。宋元君闻之，召匠石曰：尝试为寡人为之。匠石曰：臣则尝能斲之。虽然，臣之质死久矣！自夫子之死也，吾无以为质矣，吾无与言之矣！”（《庄子·徐无鬼》）【译文：庄子送葬，经过惠施的墓地，回过头来向跟随他的人说：曾经有个郢地的人，在鼻尖涂上一点白土，薄得就像苍蝇的翅膀，让一个叫做匠石的人用斧头劈。匠石挥动斧头用力劈下去，速度快到带起了一阵风，就这么随手一劈，鼻尖上的白土被劈得干干净净，鼻子却是毫发无损，郢人还是若无其事地站在那儿。宋元君听说了这件事，就把匠石找来说：把你的绝技表演给我看看。匠石说：我以前确实表演过，但是现在不行了，因为我的搭档已经死了。——自从先生您死了以后，我就没有搭档了，我没有可以在一起说话的人了！】

志趣相乖而心意相通，就有了这样的事情：彼此构成了真正的对手，能够给对方真正的挑战，激发出对方的潜能，而各自登上更高的高峰，成就对方的事业和生命。比起伯牙与子期，这样的知音大概更属难能可贵。

子击磬于卫，有荷蒉而过孔氏之门者，曰：有心哉！击磬乎！既而曰：鄙哉！硁硁乎。莫己知也，斯己而已矣！深则厉，浅则揭。子曰：果哉！末之难矣。（《宪问》）

译文：孔子在卫国时有一次在居处击磬，有个挑着草筐子的人从门口经过，说：这个击磬的人心中有块垒呵！又听了一会儿说：俗不可耐呵，磬声是那么地鄙俗（就好像在说：我在这个世界连一个知音也没有啊）。这个世界没有人懂你，又有什么可纠结的呢！（就好像人涉水过河，）水深，和衣趟过去；水浅，撩起衣衫趟过去。孔子听到了这话，说：好坚决啊！对你来说，倒真的是不难。

文中的“硁硁”是象声词，模拟如两块鹅卵石互相敲击的声音，似有可听者却不类。“硁硁”在当时应该是熟词，孔子就用来讥讽过墨家一类的人：“言必信，行必果，硁硁然小人哉！”（《子路》）【译文：（不管情势如何变化、条件如何不同，）说过的话一定要兑现，做的事情一定要坚持到底，（这样的人不过是）鄙俗的小人。】

“深则厉，浅则揭”典出于《诗经·邶风·匏有苦叶》，讲的是涉水渡河的事情。在上古，于无舟楫桥梁之处渡河是常有的事情，也是很危险的事情，故孔子说，“暴虎冯河，死而无悔者，吾不与也”，（《述而》）【译文：（在并非不得已的情况下，）赤手空拳与老虎搏斗、涉水渡河，死了都不知道后悔的人，我是不与他共事的】如果不得不涉水渡河，则根据水的深浅不同，或撩起衣衫或干脆和衣而涉。荷蒉者能引用《匏有苦叶》之句，当是出身贵族而受过良好的教育，这才是所谓隐者——目不识丁的平民百姓固然终生“隐逸”，却担不得“隐者”之名。

孔子是《诗》学泰斗，当然懂得荷蒉者引用《匏有苦叶》之句是在讥讽他不知变通。进而，尽管荷蒉者以“硁硁”之“鄙”相讥，出言非常不敬，但是能从磬声中听出孔子的纠结，已属“知音”，至于“深则厉，浅则揭”之劝喻，在孔子更是心有戚戚焉：如果能像你一样果决忘世的话，我心中也没有这么多的纠结了。

楚狂接舆歌而过孔子曰：凤兮！凤兮！何德之衰？往者不可谏，来者犹可追。已而，已而！今之从政者殆而！孔子下，欲与之言。趋而辟之，不得与之言。（《微子》）

译文：楚国的狂人接舆唱着歌从孔子的座车旁边经过，

他唱的是：凤凰呵！凤凰呵！你怎么这么不争气？过去的事情无法挽回了，但未来的生活可以重新开始。算了吧，算了吧！当今的执政者个个都自身难保！孔子下了车，想与他谈谈。接舆却快步避开，孔子没能与他说上话。

“楚狂”的“狂”，不是今天的“狂妄”、“狂燥”之“狂”，是古人的“狂简”、“狂狷”之“狂”，“志向远大”的意思，如：“子在陈曰：归与！归与！吾党之小子狂简，斐然成章，不知所以裁之。”（《公冶长》）【译文：孔子在陈国的时候说：回去吧！回去吧！我的那些学生个个志向远大而涉世未深，（假以时日，）当有可观之成就，只是我不知道怎样引导他们。】再如：“子曰：不得中行而与之，必也狂狷乎！狂者进取，狷者有所不为也。”（《子路》）【译文：孔子说：既然不能与有中庸德性的人相交往，我希望至少能够有“狂者”、“狷者”相交往吧！“狂者”志向远大，“狷者”坚守底线。】

接舆是隐者，在孔子看来是志向远大的人，这已经颇堪玩味。反过来，在接舆眼中，孔子是人中翘楚，故比之以凤凰；接下来是惋惜之辞：像您这样的人中龙凤，怎么会犯那样的低级错误——在天下沉沦、势不可为之际栖栖遑遑于救世？然后是劝导之辞：您还是亡羊补牢吧，从今天起也做一个隐者。最后是告诫之辞：如果您执迷不悟，请您看看当今执政者的处境，哪一个不是自身处在岌岌可危的境地，怎么可能接受您的主张、去复兴周礼呢！

“孔子下，欲与之言”，需要联系到孔子的另一句话来理解：“子曰：可与言而不与之言，失人；不可与言而与之言，失言。知者不失人，亦不失言。”（《卫灵公》）【译文：

孔子说：值得交谈的人，却没有与他交谈，叫做“失人”；不值得交谈的人，却与他交谈了，叫做“失言”。有智慧的人既不失人，也不失言。】在孔子，接舆的话既洋洋乎深得其心，又抑抑乎意所难平，当然不愿“失人”。可是，接舆“趋而辟之”，正是隐者本色，倒让孔子徒呼奈何了！

这真的很有意思：在孔子与隐者之间好像有一条看不见的纽带，一方面是“道不同不相为谋”，他们之间不会有实质性的交集，另一方面，他们却在一次次邂逅中从心灵最深处产生刻骨铭心的共振和共鸣。进而，这些邂逅虽然在别人有雾里看花之感，但是在孔子与隐者却是互为镜像，他们都通过对方才能真切地看清楚自己，并且肯定和坚守着自己。

在孔子，通过隐者看清了自己的政治主张和人生追求之“难”，从而他的坚守自己成就了“仁”的厚重；在隐者，通过孔子看清了那个时代政治生态和社会生活之“浊”，从而他们的坚守自己成就了“智”的灵动。所以，他们是真正的知音。

我们来看看两百多年以后的一位隐者、也是道家哲学代表人物之一的庄子对接舆与孔子邂逅故事的记忆和理解吧：

孔子适楚，楚狂接舆游其门曰：凤兮凤兮，何如德之衰也！来世不可待，往世不可追也。天下有道，圣人成焉；天下无道，圣人生焉。方今之时，仅免刑焉。福轻乎羽，莫之知载；祸重乎地，莫之知避。已乎已乎，临人以德！殆乎殆乎，画地而趋！迷阳迷阳，无伤吾行！吾行郤曲，无伤吾足！（《庄子·人间世》）

译文：孔子游历到了楚国，楚狂接舆在经过孔子居处时唱着歌谣：凤凰呵凤凰，你怎么这么不争气！未来的世界是不值得期待的，过去的事情也无法挽回了。在天下有道的时候，有望成就圣人的事业；在天下无道的时候，就算是圣人也只能保全生命。今天这个时代，能够避免无端地遭受刑害就不错了。（能够追求的）福祉比羽毛还要轻飘，却不知道怎样追求；（力图避免的）灾祸比大地还要沉重，却不知道怎样逃避。罢了罢了！——（你居然想）为这个世界树立一个德性的标杆。危险呵危险！——（你给自己）在地上画了个圆圈在里面奔跑。荆棘呵遍地荆棘，不要让它妨碍了我在人生道路上前行！我的人生道路艰难曲折，不要让荆棘刺伤了我的双足。

这段文字的意思无需详细地去解读，只要点明这一点就足够了：《论语》中的“往者不可谏，来者犹可追”在这里变成了“来世不可待，往世不可追”，但是，这段文字是有温度的，其中回荡着的氤氲之气扑面而来。如果说那首最早以《箜篌引》为题的诗——“公无渡河，公竟渡河！堕河而死，将奈公何！”——可以用来对比这段文字的温度，那么，这段文字的色调就只能用李商隐《锦瑟》中的句子来描摹了——“沧海月明珠有泪，蓝田日暖玉生烟”。

当然，志趣相乖而心意相通的知音极其稀有，故不为世人所知，更遑论理解和欣赏了，所以值得多说几句。要理解孔子与隐者之相知，拿孔子大弟子之一的子路来比较是一个好办法。

子路从而后，遇丈人，以杖荷蓧。子路问曰：子见夫子乎？丈人曰：四体不勤，五谷不分。孰为夫子！植其杖而芸。子路拱而立。止子路宿，杀鸡为黍而食之，见其二子焉。明日，子路行以告。子曰：隐者也。使子路反见之，至则行矣。子路曰：不仕无义。长幼之节，不可废也；君臣之义，如之何其废之？欲洁其身，而乱大伦。君子之仕也，行其义也；道之不行，已知之矣。（《微子》）

译文：子路跟随着孔子，却远远地落在了后面，路上遇到了一个老人，用拐杖挑着一个锄草的工具。子路问老人：您看到过我的老师吗？老人说：（看你这副尊容，）四肢不活动，五谷分不清。谁知道你的老师是什么人！说完，就拄着拐杖锄起草来。子路拱着手恭敬地站在旁边。（后来，）老人留子路到他家住宿，杀鸡、煮黄米饭招待他，还叫他的两个儿子出来相见。

第二天，子路赶上了孔子，说了这件事。孔子说：那是个隐者。让子路折回去看看，子路回到老人的家，老人却出门了。

子路（评论老人）道：（隐者）不肯出仕当官是不道德的。（这个老人既然知道）在家庭中长辈与晚辈之间的规矩不能废弃，（所以叫他的两个儿子出来相见，他的两个儿子就出来与我相见了），那他就应该知道君臣之间的道义同样不应该废弃。（他这种人）只顾保全自己的干净，却不惜做出最大的乱伦之事（译注：指废弃君臣之间的规矩）。君子之出仕为官，是道义的要求；至于我们的政治主张是行不通的，已经早知道了。

子路曾经被孔子斥为“佞者”，真的是一点儿不冤枉他。

“子路使子羔为费宰，子曰：贼夫人之子。子路曰：有民人焉，有社稷焉。何必读书，然后为学！子曰：是故恶夫佞者。”（《先进》）【译文：子路推荐（孔子的另一个学生）子羔去做费这个地方的长官，孔子说：你这是要害别人的儿子。子路说：那个地方有老百姓，有土地和五谷，为什么一定要读书，才算做学习呢！孔子说：所以我讨厌巧舌如簧的人。】

在孔子看来，儒者学成以后做官当然没有问题，就像《礼记·大学》中说的，儒者的使命就是“修身、齐家、治国、平天下”。修身是为了治国平天下，而治国平天下是必须要做官的；但是，在治国平天下之前是要修身的，而且要修到了一定的水平、并且还要通过“齐家”的修炼，然后才能去做官，以求治国平天下。如果修身没有达到一定的水平就做官，结果就只能祸人害己。

至于子羔，孔子认为其修身的水平还不够，所以指责子路推荐子羔当官是要害子羔。这一指责非常严厉，“贼夫人之子”的意思是：自己的儿子自己心疼，子羔不是你的儿子，所以你不心疼，要害他。子路的反应多少有点恬不知耻，他的意思是：我们这些学生跟着您老人家学习诗书礼乐，无非是为了做官，现在既然有了做官的机会，为什么还要强迫我们放弃呢？对于这种强词夺理的争辩，孔子当然很不高兴，所以直接用一顶“佞”的帽子以示对子路的不屑。

在与荷蓧丈人的交往中，子路又一次暴露出“佞”一面。他把自己放在了道德制高点上，指责荷蓧丈人以及天下的隐者都是“无义”的人、也就是不道德的人，而不道德之所在居然是“不仕”，也就是不肯当官，这真的让天下读书人瞠目结舌。让人拍案叫绝的是子路接下来的论证：既然荷蓧丈人让两个儿子出来与子路相见，就说明他承认家庭中不能没有主宾尊卑的规矩，那么，他就应该知道在国家中也不能没有贵贱尊卑的规矩，但是他不肯当官却践踏了国家的规矩，也就是“乱大伦”。

至于“君子之仕也，行其义也。道之不行，已知之矣”就更不成话。

“君子之仕也，行其义也”这句话的意思应该是：君子当官，是为了治国平天下，不是为了功名利禄；既然“道之不行”，就应该“不仕”，也就是孔子说的“笃信好学，守死善道。危邦不入，乱邦不居。天下有道则见，无道则隐。邦有道，贫且贱焉，耻也；邦无道，富且贵焉，耻也。”（《泰伯》）【译文：（具有）坚定的信念和好学的美德，不惜用生命来捍卫人间的正道。不进入社会秩序正在崩溃的国家，不居停社会秩序已经混乱的国家。天下太平，就出仕为官；天下大乱，就隐居不仕。（如果）国家政治清明，（自己却）既贫穷又卑微，那应该视为耻辱；（如果）国家政治黑暗，（自己却）享受着高官厚禄，那同样应该视为耻辱。】

但是，“君子之仕也，行其义也”在子路这儿的意思却变成了：君子当官，是因为不肯践踏在国家之中贵贱尊卑的规矩；虽然“道之不行”，也不得不“仕”。

“君子之仕也，行其义也”，这句话居然可以表达出完全相反的两种意思，直让人不得不拍案叫绝：既为汉语的奇妙，也为子路的诡谲。

子路独出心裁地颠覆了为孔子确立的儒者应有的政治操守：君子出仕为官，本身就是履行道德义务；哪怕他确切地知道治国平天下已经根本不可能了。于是，求得功名利禄就大变活人地成了道德的义务，并且居然匪夷所思地被子路建构为道德制高点，在其淫威之下，隐者倒成了不齿于人类的“乱大伦”者。但是，这又置孔子于何地？

接着说孔子。作为权宜之计，“隐”也是孔子的选项之一，所以，孔子对隐者有一种惺惺相惜的尊敬，但孔子也非常犀利地指出了隐者的软肋：

孔子曰：见善如不及，见不善如探汤；吾见其人矣，吾闻其语矣。隐居以求其志，行义以达其道；吾闻其语矣，未见其人也。（《季氏》）

译文：孔子说：见到一切美好的事物都努力追求，（心情急迫）好像稍一松懈就会赶不上；我见到过这样的人，也听到过这样的话。（但是，）以避世隐居的方式来守护自己的志向，以守护志向来实现自己的理想；我听到过这样的话，却没见过这样的人。

孔子在儒者和隐者之间做出了比较：

儒者信奉修身齐家治国平天下，而以修身为本，反过来，修身以治国平天下为旨，故容不得半点懈怠，某种内在的紧迫感和使命感油然而生，也就是“见善如不及，见不善如探汤”。

隐者虽然以全身为本，但是其佼佼者同样以治国平天下为宗旨。这里要说明的是，如同儒家哲学是儒者的世界观和方法论，道家哲学也是隐者的世界观和方法论；要真“懂”儒者就必须“懂”儒家哲学一样，要真“懂”隐者就必须联系到道家哲学来考察。

道家哲学以全身为本，以治国平天下为旨，老子不用说了，就是“逍遥游”着的庄子也说：“汝游心于淡，合气于漠，顺物自然而无容私焉，而天下治矣。”（《庄子·应帝王》）【译文：你的心神徜徉于清静恬淡之境，你的体气呼应于天地大化之流，顺应万物由着自然之本性而流变，不强加丝毫自己的意愿于其中，就能天下大治了。】

又曰“明王之治：功盖天下而似不自己，化贷万物而民弗恃。有莫举名，使物自喜。立乎不测，而游于无有者也。”《庄子·应帝王》【译文：睿智的君王是这样治理天下的：天下万物都受益于他的功绩，却好像与他毫不相干，天下万物都成就了自己自然的本性，却好像与他的治理毫不相干。他的功德之崇高已经是人的语言所无法表述，他使得天下万物都由衷地自我欣赏。（译注：这句话一语双关：一，虽然他的功德之崇高已经是人的语言所无法表述，但是却羚羊挂角、无迹可求，所以天下万物万民不知道他的存在，反而由衷地欣赏自己；二，他的功德之崇高已经是人的语言所无法表述，就表现在天下万物不知道他的存在，所以都由衷地欣赏自己。）他置身于好像存在、又好像不存在的境地，他治理天下确实什么事情都没有做。】这一套“道常无为而无不为”（《老子·第37章》）【译文：大道运行无所作为却做成了一切】的治国理念被孔子概括为“*隐居以求其志，行义以达其道*”的“道”。

根据儒家哲学来考察当时的儒者，也根据道家哲学来考察当时的隐者，孔子总结道：我看到过真诚而坚定地奉行儒家哲学的儒者，却没有看到过真正奉行道家哲学的隐者，我只听到过隐者宣称奉行着道家哲学。

如同在儒者中有把出仕为官当做就是履行道德义务的子路一样，在隐者中也有把全身免祸当做人生之唯一的隐者；既然孔子认为从未有过真正做到了（虽然他说得非常有保留：仅仅是他从未见过）“隐居以求其志，行义以达其道”的隐者，那么，反过来，在隐者的眼中，有过终生奉行以修身为本、以治国平天下为旨的儒者吗？

庄子见鲁哀公，哀公曰：鲁多儒士，少为先生方者。庄子曰：鲁少儒。哀公曰：举鲁国而儒服，何谓少乎？庄子曰：周闻之：儒者冠圜冠者，知天时；履句屦者，知地形；缓佩玦者，事至而断。君子有其道者，未必为其服也；为其服者，未必知其道也。公固以为不然，何不号于国中曰：无此道而为此服者，其罪死！于是哀公号之五日，而鲁国无敢儒服者，独有一丈夫，儒服而立乎公门。公即召而问以国事，千转万变而不穷。庄子曰：以鲁国而儒者一人耳，可谓多乎？（《庄子·田子方》）

译文：庄子拜见鲁哀公，哀公说：我们鲁国多的是儒者，很少有人信奉您的学说。庄子说：鲁国的儒者其实很少。哀公说：全鲁国的人都穿儒服，怎么能说儒者很少呢？庄子说：我听说过：儒者头戴圆帽是因为他通晓天时，足履方鞋是因为他熟知地理，身佩五色丝带系玉玦是因为他临大事能决断。（不过，）如同有这些本事的君子未必就一定穿着儒服一样，穿着儒服的人也未必有这些本事。既然您不相信我说的话，那么就不妨试一试：您通令全国，没有儒者这些本事却穿着儒服的人统统处死（看看结果会怎样）。

哀公通令全国五天以后，整个鲁国没有人敢穿着儒服了，除了一个器宇轩昂的男人以外，这个人穿着儒服站在哀公的朝门。哀公立即召见他以国家大事相询，无论什么样的事情他都能有理有据地侃侃而谈。庄子说：以鲁国之大却只有一个真正的儒者，能说“鲁多儒士”吗？

哀公与孔子是同时代人，早于庄子一百多年，当然不可能接见庄子。这个故事的缘由只能理解为，庄子以不得与孔子同时为憾，故寂然凝虑思接千载、悄焉动容视通万里，拜会鲁哀公以荐孔子于天下。

庄子承认、并且心悦诚服地承认：这个世界存在终生奉行以修身为本、以治国平天下为旨的儒者。

孔子流泽所在，真正的儒者不绝如缕，已是中华之大幸，何求乎多！在孔子，有一种惺惺相惜的尊敬为了无可忘却；在庄子，有一种无可忘却的尊敬为了历史真实。

三

孔子说只听到过隐者宣称奉行着道家哲学，却没有看到过真正奉行道家哲学的隐者，这不是虚言，他确实系统考察过历史上的各种隐者，并且做出了总结。不过，这时他使用的语词是“逸民”。

逸民：伯夷、叔齐、虞仲、夷逸、朱张、柳下惠、少连。子曰：不降其志，不辱其身，伯夷、叔齐与！谓柳下惠、少连，降志辱身矣；言中伦，行中虑，其斯而已矣。谓虞仲、夷逸，隐居放言；身中清，废中权。我则异于是，无可无不可。（《微子》）

译文：古今被遗弃的人才：伯夷、叔齐、虞仲、夷逸、朱张、柳下惠、少连。孔子说：能够做到不放弃自己的原则，不辱没自己的身份的，是伯夷、叔齐吧！又说：柳下惠、少连，放弃了自己的原则，辱没了自己的身份；但是其言语能够合乎法度，行为能够深思熟虑，（这是值得肯定的，）但也不过如此而已。又说：虞仲、夷逸，避世隐居却说话放肆；（但是，）其一生高洁不阿，其避世无可指责。我与这些人不同，（他们一生之所得，对我来说是）有也可以、没有也可以。

孔子没有具体评论朱张，其余六个人被分为三组。

最高明的是伯夷和叔齐兄弟俩，他们是为了坚持自己的原则和自尊而隐居的。柳下惠和少连隐居的动机不同于伯夷、叔齐，虽然其动机究竟是什么，孔子没有说，但是孔子指出：其动机与人生的原则、人应有的自尊是悖反的；但是在隐居时，他们的言行能够恪守一个隐者的本分。至于虞仲和夷逸，他们隐居时不能恪守隐者的本分，如放言世事、臧否人物一类；但是从其行为来看，还是与其隐者的身份相符，至于他们隐居的动机也是出于不得已的原因如避祸全身一类。

这里有两个标准：隐居的动机和隐居的言行。从隐居的动机看，伯夷和叔齐是为了捍卫人格尊严，虞仲和夷逸是出于不得已，柳下惠和少连却藏有心机，故高下立现。从隐居的言行看，孔子没有评论伯夷和叔齐，至于在柳下惠、少连和虞仲、夷逸之间，孔子称道的是柳下惠和少连：他们恪守了一个隐者的本分，不同于虞仲和夷逸的身隐而心不隐。

有意思的是，虽然从前后秩序来看，似乎孔子认为柳下惠、少连比虞仲、夷逸高明些，但是从言辞语气看，似乎孔子更瞧不上柳下惠、少连，因为他加了一句评论："其斯而已矣。”综合起来看，作为评价隐者的两项指标，在权重指数上，似乎隐居的动机比隐居的言行要高。那么，这一点能够得到解释吗？这需要联系到“逸民”这个词来讨论。

兴灭国，继绝世，举逸民，天下之民归心焉。（《尧曰》）

译文：恢复那些已经被灭亡的诸侯国，承续那些已经没有后嗣的贵族，把那些被遗弃的人才推举出来赋以重任，天下的老百姓就心悦诚服了。

在孔子看来，要让天下老百姓心悦诚服，在根本上要做三件事情，而“举逸民”在焉，可见其重要。那么，何谓逸民？隐者也！在孔子眼中，所谓隐者，乃被遗弃和埋没的人才！

当然，如庄子所说，在儒者，是“君子有其道者，未必为其服也；为其服者，未必知其道也”，在隐者，也有同样的问题，所以需要仔细考察和甄别。

把隐者当做被遗弃和埋没的人才看，其隐居的动机就比隐居的言行更加重要。伯夷和叔齐是为了人格尊严隐居的，当然也能为了人格尊严出仕，而必然会是好官；虞仲和夷逸是因为全身避祸隐居的，却身在山林却心存魏阙，虽然无法判断能否成为好官，但是比起动机中就藏有心机的柳下惠和少连要值得信赖，虽然在隐居的言行方面，柳下惠和少连更加像一个隐者。

对于隐者，孔子与子路的“君臣之义，如之何其废之？欲洁其身，而乱大伦”何其不同！在孔子，心系天下苍生而有“才难”之虞，故有唯才是举的急迫之心。

舜有臣五人而天下治。武王曰：予有乱臣十人。孔子曰：才难，不其然乎？唐虞之际，于斯为盛。有妇人焉，九人而已。三分天下有其二，以服事殷；周之德，其可谓至德也已矣。（《泰伯》）

译文：舜有五个能臣，于是天下大治。武王说：我有十位能臣。孔子说：人才难得，难道不是吗？在唐尧虞舜的时代（以及周武王时期），那叫做人才辈出。（不过，武王的十位能臣中）有一个妇女，所以只能算是九人。（周文王当时）已经得到了天下三分之二（诸侯国）的拥护，仍然向商纣王称臣，周朝的道德，可以说是最高了。

唯因人才难得，故应唯才是举，于是，在孔子眼中，隐者就成了待举的逸民。但其中还有一个有待厘清的问题：孔子在什么意义上把隐者看做被遗弃和埋没的人才？

这一问题的答案就包含在“楚狂接舆”的“狂”字中。业已说过，这个“狂”是“志向远大”的意思，如“狂简”、“狂狷”之“狂”；那么，说隐者志向远大又是什么意思呢？这同样是上文说过的，隐者虽然以全身为本，但是其佼佼者却同样以治国平天下为宗旨，虽然在孔子看来，自古及今的隐者——伯夷、叔齐、虞仲、夷逸、朱张、柳下惠、少连——没有一个真正做到了“隐居以求其志，行义以达其道”，但是，这并不妨碍他们的宗旨中有颠扑不破的真理成分。

子曰：无为而治者，其舜也与！夫何为哉？恭己正南面而已矣。（《卫灵公》）

译文：（真正做到）无为而治的君主，大概就是舜了吧！

他做了些什么呢？就是庄严肃穆地端坐在朝廷上罢了。

在孔子看来，理想政治是圣君加能臣的治理模式，圣君为天下人树立一个完美的道德典范，放手让能臣处理各种政务，就能收“道之以德，齐之以礼，有耻且格”（《为政》）【译文：（圣君）用道德来引导，（能臣）用礼乐来规范，（老百姓就能）既有廉耻之心，也有向善之志】之效。

道家哲学与儒家哲学的不同在于“能臣”——老子对“齐之以礼”的“礼”嗤之以鼻：“故失道而后德，失德而后仁，失仁而后义，失义而后礼。夫礼者，忠信之薄而乱之首。”（《老子·第38章》）【译文：大道隐而不彰，德性就凸显出来了，德性隐而不彰，仁爱就凸显出来了，仁爱隐而不彰，合宜就凸显出来了。合宜隐而不彰，礼制就凸显出来了。（所以说，）礼制这个东西，不过是（人们都）不再讲求尽己以忠、行己以信（之后的权宜之计），却是更大祸乱的开端。】——在孔子看来制礼作乐的周公是遗泽千秋万代的“圣人”，在老子看来不过是成事不足败事有余的“能臣”。

但是，道家哲学与儒家哲学的“圣君”却是一模一样的——“是以圣人处无为之事，行不言之教。万物作焉而不辞，生而不有，为而不恃；功成而弗居。夫唯弗居，是以不去。”（《老子·第2章》）【译文：所以圣人以不作为来治理天下，以无政令来教化百姓。（于是乎，）万物自由竞争，没有哪一个物种被人为地打压，万物自然生长，没有一个主宰者在控制，万物自发作为，没有一个主宰者可依靠；万物都（因为圣人的无为和不言）成就了自己，（圣人却）不自居功劳。正因为圣人不自居功劳，所以他的功劳与日月同辉。】那么，一个无为而治的圣君乃是治国平天下的根本，这是儒道两家的共识，所以孔子认为真正的隐者具有远大的志向。

子曰：巍巍乎！舜禹之有天下也而不与焉。（《泰伯》）

译文：孔子说：真是崇高呵！大舜和大禹身为天子富有四海却好像孑然一身。

一个无为而治的圣君乃是治国平天下的根本，而圣君之所以能够做到无为而治，其根本在于他“有天下也而不与”，如孟子说“舜视弃天下，犹弃敝屣也”。（《孟子·尽心上》）【译文：大舜看待抛弃他的君主之位，就好像抛弃一双破旧的鞋子】换句话说，圣君之为“圣”——完美的道德典范，突出地体现在他不以天下为自己的私产。

进而，如果说不以天下为自己私产的“君”为“圣”，唯有“圣”才能行无为而治，那么，行无为而治的“圣”何以成为“圣君”？换言之，不以天下为自己私产不过是某种“私人”的德性，为什么把这种“私人”德性贯彻在政治治理中——无为而治——就能、并且才能做到国治天下平，成就最伟大的政治理想呢？

这就只能在老子哲学中找答案了，曰：“大道泛兮，其可左右。万物恃之以生而不辞，功成而不名有，衣养万物而不为主。常无欲，可名於小；万物归焉而不为主，可名为大。以其终不自为大，故能成其大。”（《老子·第34章》）【译文：大道无所不在呵，相辅而相成。万物依赖大道而成长，没有哪一个物种被忽视，万物依赖大道成就了自己，却无须对大道感恩戴德，大道养育了万物却不支配万物。（因为大道）没有支配和控制的意志，可以称呼它为“小”，（又因为）万物以大道为自己的根本却无须服从大道的意志，又可以称呼它为“大”。唯因在终极意义上不自以为“大”，所以大道才成为真正的“大”。】

子曰：大哉，尧之为君也！巍巍乎！唯天为大，唯尧则之。荡荡乎！民无能名焉。巍巍乎！其有成功也；焕乎，其有文章！（《泰伯》）

译文：伟大呵！作为君主的尧。（尧的功绩）像高山那样巍峨！（这是因为）上天最伟大，只有尧才能真正效法上天。（尧的德性）像大海那样浩淼！老百姓已经不能用语言来称颂。（尧的功绩）像高山那样巍峨！他开创了伟大的事业；他的事业是那么辉煌，开拓出人类文明的新高度。

孔子的“巍巍乎”包含着两方面的意指，一指德性，一指功业。“巍巍乎！舜禹之有天下也而不与焉”指的是德性，“巍巍乎！其有成功也”指的是功业，“巍巍乎！唯天为大，唯尧则之”通二义而言之，说的是唯有尧才真正做到了效法上天而成其“德”、成其“功”。

这种穿行在德性与功业之间的思维方式大概只能是本于老子的——只因笔者不愿纠缠于在编年史的意义上老子与孔子到底孰先孰后一类的问题，所以说“大概”——“故道生之，德畜之。长之育之，亭之毒之，养之覆之。生而不有，为而不恃，长而不宰；是谓玄德。”（《老子·第51章》）【译文：道生万物，（万物）以得之于道者而自生。

（万物）生长发育，成熟蕃衍，（都是道的）养育呵护。（道之于万物，）生养却不据为私有，兴作却不凌驾其上，引导却不主宰控制；这种德性真是深不可测呵。】

孔、老之不同仅仅在于，这种无为而无不为的深不可测德性，老子诉之于“道”，孔子诉之于“天”。

但是，对孔子来说，这就有了一个要命的麻烦：如果说“唯天为大，唯尧则之”是无为而无不为，那么“兴灭国，继绝世，举逸民，天下之民归心焉”就不得不“有为”，既要无为而无不为、又要有为，就陷入了自相矛盾的境地。问题是：孔子认识到了自己陷入了自相矛盾的境地了吗？如果他认识到了，则发生了什么事情？

子曰：予欲无言。子贡曰：子如不言，则小子何述焉？子曰：天何言哉？四时行焉，百物生焉。天何言哉！（《阳货》）

译文：孔子说：我不想说话了。子贡说：您老人家不说话，那我们这些学生传述什么呢？孔子说：天何尝说过话？四季运行如常，万物自然生长。天何尝说过话！

这段话的意蕴非常深厚，值得仔细参详。这段话应该理解为孔子在以复兴周礼为志业周游列国而无果之后，对“知我者，其天乎”之痛的反应。

游说诸侯，言之谆谆而如流水无痕；教诲弟子，言之凿凿而如落花无心；言之为何物，已知之矣！故孔子说：我不想说话了。子贡却以“泪眼问花花不语”之意应对孔子，真正是不解风情了，孔子也就只好庄重以对：天何尝说过话！说出来的意思是：我不过是踵武“唯天为大，唯尧则之”而已；不想说出来的意思是：“不言之教、无为之益，天下希及之”。（《老子·第43章》）【译文：一言不发的教诲、无所作为的给予，天下人很少能懂的】

“予欲无言”！那孔子又如何渡过他的生命、安置他的心灵？尽管在事实上放弃的只是游说诸侯，教诲弟子却终身为之，但是，已然没有了当年的“归与！归与！吾党之小子狂简，斐然成章，不知所以裁之”（《公冶长》）【译文：（孔子在陈国的时候说：）回去吧！回去吧！我的那些学生个个志向远大而涉世未深，（假以时日，）当有可观之成就，只是我不知道怎样引导他们】的意气风发，而平添了一番“逸民”的志趣悠然。

子路、曾皙、冉有、公西华侍坐。子曰：以吾一日长乎尔，毋吾以也。居则曰：不吾知也！如或知尔，则何以哉？子路率尔而对曰：千乘之国，摄乎大国之间，加之以师旅，因之以饥馑；由也为之，比及三年，可使有勇，且知方也。夫子哂之。求！尔何如？对曰：方六七十，如五六十，求也为之，比及三年，可使足民。如其礼乐，以俟君子。赤！尔何如？对曰：非曰能之，愿学焉。宗庙之事，如会同，端章甫，愿为小相焉。点！尔何如？鼓瑟希，铿尔，舍瑟而作。对曰：异乎三子者之撰。子曰：何伤乎？亦各言其志也。曰：莫春者，春服既成。冠者五六人，童子六七人，浴乎沂，风乎舞雩，咏而归。夫子喟然叹曰：吾与点也！（《先进》）

译文：子路、曾皙、冉有、公西华陪在孔子身旁。孔子说：你们总是因为我比你们年岁稍长（而出言谨慎），（今天不妨）不要在意这一点。平日里你们老是说：没有人懂我呵！假如你们遇到了懂你的人（译注：指出仕做官），你们打算做些什么?

子路的话脱口而出：假设一个有一千辆兵车的中等国家，（生存环境险恶，）不仅夹在几个大国之间（进退维谷），而且天灾人祸并至：既遭到外国军队入侵，又遭到饥荒；交给我治理，三年的功夫，就能人人勇敢，而且懂得人活着是要有原则的。

孔子听了微微冷笑了一下。

问道：冉求，你怎么样?

冉求说：一个方圆六七十里，或者方圆五六十里的小国，我去治理，三年的功夫，可以做到家家富足；至于礼乐昌明，只能等待比我更高明的人了。

又问：公西赤，你怎么样?

公西赤说：不是说我已经能够做到了，而是说我正在学习着做：在（朝廷）祭祀或者国与国之间会盟的时候，穿着礼服，戴着礼冠，我希望担任一个小礼官。

（孔子接着问：）曾点，你怎么样?

（曾点正在弹瑟，听到孔子问他，）瑟声稀疏了下来，"铿"地一声放下了瑟，站起来回答说：我的想法与三位不同。

孔子说：那有什么关系呢? 不过是各自表达人生的志向罢了。

曾点说：暮春三月，穿上春天的衣服，与五六个成年人和六七个少年结伴而行，在沂水河中嬉水，在舞雩台上沐风，一路歌声回家来。

孔子长叹一声道：我欣赏曾点呵。

文中的"以吾一日长乎尔"是孔子的谦辞，实际上是弟子们敬畏孔子而不敢造次、谨言慎行，“毋吾以也”是鼓励弟子们直抒胸臆。然而，在四位弟子中，唯有曾点的志向是“非儒”的，却拨动了孔子的心灵，岂非咄咄怪事？

虽然子路因志大才疏招致孔子“哂之”，但其“志”在“治国”，当是儒者之本分；所以，冉求察言观色而求其“小”，先说治理“方六七十”的小国，马上又改口为更小的“如五六十”，只敢说“富民”，不敢说“教化”。可是，孔子却以沉默应之，这就让公西赤心中发毛，张口就示之以谦逊——“非曰能之，愿学焉”；不敢说志在治国，说的是“儒”的老本行——在“行礼如仪”时担任一个礼官，而且是叨陪末座的礼官。可是，孔子还是不置可否。

曾点的做派就有“非儒”之嫌。他在孔子与诸弟问答之间居然在鼓瑟！孔子已然问到自己后还恋恋不舍，瑟声是渐次稀疏了下来，却毫不客气地表达了对“儒业”的不屑。孔子居然不以为忤，一句“何伤乎？亦各言其志也”还显示出他老人家突然有了兴致，——在子路一干人等表达志向后，孔子连哼一声都没有！

何必在意治国平天下？何必为礼乐所拘、为规制所困？暮春三月风光好，冬衣竟除身心轻（“莫春者，春服既成”），何不逍遥乎山水之乐（“浴乎沂”）、徜徉于天地之间（“风乎舞雩”）？人生难得是知己（“冠者五六人，童子六七人”），故土最美踏歌行（“咏而归”）。斯人也，抑庄子之先师乎？——“今子有大树，患其无用。何不树之于无何有之乡、广莫之野？彷徨乎无为其侧，逍遥乎寝卧其下。不夭斤斧，物无害者，无所可用，安所困苦哉！”（《庄子·逍遥游》）【译文：如果你有这样一株大树，却为不知有何用处发愁。为什么不把它种植在没有功名利害的国度、那无际无涯的荒野？一无所求地在它身边踱步，一无所思地在其荫凉下酣睡。不用担心斧头的砍伐，不用担心世人的算计，（就像）那株树是无可取材，这个人也一生自在。】

在儒者之志、儒生之业和逸民之趣三者之间，孔子居然欣赏的是逸民之趣！但是，这一点也不奇怪，因为他是孔子。

“子曰：天下何思何虑？天下同归而殊途，一致而百虑，天下何思何虑！”（《周易大传·系辞下》）【译文：孔子说：（关于）天下，怎么去思考？忧虑些什么？天下的道路众多，终点却只有一个；天下的忧虑不同，宗旨却完全相同。（关于）天下，何种思考都一样是思考！忧虑什么都一样是忧虑！】此语托名于孔子，也算是渊源有自。

第五章

有一种如沐春风的交流标识教育之本

智慧是人的品格、是人的生命最高成就，其突出表征之一是一以贯之而不拘一格，用孔子的话说是“无适也，无莫也，义之於比”，（《里仁》）【译文：没有什么是一定要做的，也没有什么一定不能做的，应当做什么就去做什么】用庄子的话说是“无誉无訾，一龙一蛇，与时俱化，而无肯专为”。（《庄子·山木》）【译文：又何必在意美誉和诋毁，时而如龙遨游九天之上，时而如蛇蛰伏黄泉之下，顺应时势的变化，不能偏执在某一个点上】但是，有一件事情在孔子必然是“义”、在庄子永远是“时”，这就是对后来者的教育。

子曰：自行束脩以上，吾未尝无诲焉。（《述而》）

译文：孔子说：（只要遵从“礼”的规制，最低限度）给我呈上一束干肉，我还没有不教导他的。

子曰：有教无类。（《卫灵公》）

译文：孔子说：我平等地对待所有的学生，没有任何（贵贱贫富等等）区别。

子以四教：文，行，忠，信。（《述而》）

译文：孔子着重从四个方面教育学生：（系统地掌握）历史典籍、（把崇奉的价值原则全面地贯彻于）行为、（无论做什么事都要）尽己、（无论说什么话都要）信实。

子曰：爱之，能勿劳乎？忠焉，能勿诲乎？（《宪问》）

译文：孔子说：爱一个人，能不让他辛劳起来吗（任由他无所事事而成为废物）？尽心尽力地对待一个人，能不给他教诲吗（任由他在黑暗中摸索、在错误的道路上渐行渐远）？

子曰：视其所以，观其所由，察其所安；人焉廋哉？人焉廋哉！（《为政》）

译文：孔子说：看一个人的所作所为，观察他如此作为的动机，（结合其所作所为的结果来）审视他的心态是否安宁自得；（那么，）这个人怎么可能对别人隐藏起他的真实为人？这个人怎么可能对别人隐藏起他的真实为人！

如果问传统的“逸民”与新生的“道家”有什么不同，或者说，同为隐逸，庄子比他的前辈多了些什么？答案是：就身心而言，老派隐者是身心俱“隐”，而庄子却如孔子一样开科授徒，传授他“隐”的哲学，可谓身隐而心不隐，以身之隐而求心之显。

由此可知，如果说智慧是人的品格，那么，教育就是人的事业：因为“人”既是个体的人，也是类的人，而且“品格”既是由外而内的凝聚所成，也是由内而外的敞开所向；所以，“事业”就只能实现在历史中——无意义的时间绵延被构建成有意义的人类历史。用孔子的话说是：“后生可畏，焉知来者之不如今也？”（《子罕》）【译文：孔子说：年轻人是值得给予敬意的，怎么知道他们的将来就比不上今天人们的成就呢?】用庄子的话说是“指穷于为薪，火传也，不知其尽也”。(《庄子·养生主》)【译文：火把中的油脂会燃尽而熄灭，火却会传续下去，无穷无尽】

一

在孔子，所谓教育，是从目标和过程两个角度来言说的。从目标言，教育就是让受教育者成为“君子”；从过程言，教育就是受教育者的逐步“成人”。关于“君子”，古往今来的讨论和发挥已是汗牛充栋，而笔者认为，只有联系到“成人”之过程，然后“君子”之意蕴方能显豁，智慧是人的品格和教育是人的事业之真谛方能现身。

子曰：君子不器。(《为政》)

译文：君子不能像器物那样(只有某种固定的用途)。

本书第三章已经联系到朱熹的解说讨论过孔子的这句话了，现在要接着说的是，在《论语》中，就目标而言，孔子主要从“文质”关系来解说“君子”之已成，就过程而言，则主要是从“不器”角度来解说“君子”之所成。先说“君子”之已成。

子曰：质胜文则野，文胜质则史。文质彬彬，然后君子。(《雍也》)

译文：德性修养虽好、文采修为不足的，其为人难免粗鄙；文采修为虽好、德性修养不足的，其为人难免轻浮。只有德性修养和文采修为都达到了很高水平、且融会贯通的，才称得上“君子”。

“文质”之“文”，含义极丰富而意味极隽永，姑且不论而简单对译为“文采修为”。[1]

“文质彬彬，然后君子”，此言意蕴深厚，故不能达其旨者多得其一而遗失其余矣。

一，“棘子成曰：君子质而已矣，何以文为？子贡曰：惜乎！夫子之说君子也。驷不及舌。文犹质也，质犹文也；虎豹之鞟犹犬羊之鞟？”（《颜渊》）【译文：卫国大夫棘子成问道：君子嘛，有良好的德性修养就够了，要那些文采修为干什么？子贡回答：让人感到痛心呵，您居然会这样理解君子！一言既出，驷马难追。文采修为就是德性修养，德性修养就是文采修为；如果把长在皮上的毛拔掉，虎豹一类猛兽的皮和犬羊一类家畜的皮就没有多少区别了。】

子贡的回答虽夸张却颇有见地。别人不过是表达自己对“君子”的理解，质疑文采修为成为“君子”的必要条件、甚至与德性修养同等重要的合理性，不至于让子贡痛心，更何必危言耸听地说什么“驷不及舌”，这未免过于夸张。但是，“文犹质也，质犹文也；虎豹之鞟犹犬羊之鞟”却捕捉到了精微之处，虽然言之未详。

从字面上看，“文犹质也，质犹文也”是文理不通：既然如此，又何来“文”、“质”之分？但是，正如后世孟子所言，“君子所性，仁义礼智根于心，其生色也，睟然见于面，盎于背，施于四体，四体不言而喻”，（《孟子·尽心

1　可参阅拙著《先秦儒家哲学知识论体系研究》，第 59－62 页，上海人民出版社 2014 年。

上》）【译文：君子（通过改正迷失的心而）重获天生的性，仁义礼智就扎根在他的心中，（还）生发出特别的神采，（这种神采）活灵活现地充盈在他的脸庞上，显现在他的项背间，流动在他的四肢（活动）中，四肢虽然不会说话，但（无需说话，流动在四肢中的那种特别神采已经）把他的德性修养充分表达了出来】德性修养确实是人的内在品格，但必然会流溢在人的感性外观中，善恶皆然。这就是上文说——“品格”既是由外而内的凝聚所成，也是由内而外的敞开所向——的意思，苏轼《和董传留别》中的名句“腹有诗书气自华”可谓一语道破。

二，但是，“文质彬彬，然后君子”，子贡的回答未及“彬彬”之意，而朱熹给出了精当的解释：“彬彬，犹班班，物相杂而适均之貌。”[1] “彬彬”不仅有“繁盛”的意思，指德性修养之厚和文采修为之丰已成就斐然；更有“蔚然可观”的意思，指德性修养和文采修为已至相得益彰、互相呼应而千回百转、应物无穷的境界。

三，于是，“彬彬君子”者，意在人的潜能得到了比较充分的实现、人的素质得到了比较全面的发展，倘能应时得势，则立德、立功和立言可期。

既要修养其德性，也要修为其文采，以至于“文质彬彬，然后君子”；就文采修为而言，孔子只涉及《诗经》而不及其他经典，请尝试论之。

孔子说：“人而不为周南召南，其犹正墙面而立也与？”（《阳货》）【译文：一个人，如果不钻研（《诗经》中的）《周南》和《召南》，（其一生）大概就像面孔正对着墙壁站

1 朱熹《四书章句集注》，第86页，中华书局2011年。

着吧。】意思是：《诗经》中的《周南》和《召南》在了解世道人心，拓展人的视野、开阔人的胸襟方面有着不可替代的作用，如果不认真钻研，其见识就短浅到只能围着自己的鼻尖打转转了。

从《周南》和《召南》展开去说，“子曰：小子！何莫学夫诗？诗，可以兴，可以观，可以群，可以怨；迩之事父，远之事君；多识于鸟兽草木之名”。（《阳货》）【译文：孔子说：你们这些学生为什么不肯钻研《诗经》？诗，可以启发心智情怀，可以观察世态人心，可以领会团结他人的道理，可以掌握批评他人的尺度；居家，可以用来侍奉父母，出仕，可以用来服务君主。还能认识很多鸟兽草木的名称。】学好了一部《诗经》，在己有心智成熟之效，在人有尽义务、建功业之能，还可以丰富各种自然知识。

就学《诗》有建功业之能而言，“子曰：诵诗三百，授之以政，不达；使于四方，不能专对；虽多，亦奚以为”！（《子路》）【译文：孔子说：熟读《诗经》三百篇，给他一个官做，不能胜任；让他出使各国，不能周旋应对；读得再熟，又有什么用呢】可见，“彬彬君子”者，其“修己”已初成，俟天命以期“安百姓”之谓也。

可惜，后世以“谦谦”来定位君子，大失孔子之旨。“谦谦君子”语出《易大传》，此书的作者至今存在争议，学术界一种观点认为大约是战国中晚期儒生所作，从此书颇有参悟和借鉴《老子》之处来看，这种观点应该是正确的。

《易大传》中的《象传》解说《易》“谦”卦初六爻辞“谦谦，君子用涉大川，吉”曰：“谦谦君子，卑以自牧也。”“谦谦，君子用涉大川，吉”的字面意思是：谦而又谦，君子以此态度涉大川之险，可保平安；其推演的意思是：君子身处险境中，只要小心再小心，就能逢凶化吉。至于《象传》的“谦谦君子，卑以自牧也”，则据爻象发挥为君子的品格特征，意思是：低调呵再低调，君子待人接物永远要自居卑下之位，才能常保平安。这就很有些老子“知其雄，守其雌……知其白，守其黑……知其荣，守其辱”（《老子·第28章》）【译文：知雄强之豪，守雌柔之顺……知光明之辉煌，守暗昧之愚钝……知显达之荣耀，守卑微之受辱】的意思了。

“谦谦君子”意在低调做人而常保平安，胸襟、气象、格调与“彬彬君子”不可同日而语，惜乎后世不能达“彬彬君子”之旨，而推崇“谦谦君子”，让人不得不有扼腕之叹。

说过了“君子”之已成，再说“君子”之所成。

子曰：弟子入则孝，出则弟，谨而信，泛爱众，而亲仁。行有余力，则以学文。（《学而》）

译文：孔子说：未成年人在家中要做到孝顺父母，出了家门要做到顺从兄长，谨言慎行而取信于人，对所有人都要有爱心，亲近有仁德的人。做到了这些，还有发展的潜力，就可以去学习文献典籍（培养文采修为）。

这段话是从次第过程来讲文质关系，要点有二：一，质先文后，二，存在着天赋厚薄、潜力大小的区别，不是什么人都能学习文献典籍、培养文采修为。这涉及的是君子所成之大要。

子曰：兴于诗，立于礼，成于乐。（《泰伯》）

译文：孔子说：用《诗》来启蒙，通过《礼》的修习（操演）成为合格的成年人，在《乐》的修习（操演）中完成受教育的过程。

这段话讲的是“行有余力”以后，“则以学文”的次第过程。

子路问成人，子曰：若臧武仲之知，公绰之不欲，卞庄子之勇，冉求之艺，文之以礼乐，亦可以为成人矣。曰：今之成人者何必然？见利思义，见危授命，久要不忘平生之言，亦可以为成人矣。（《宪问》）

译文：子路问孔子，怎样的人才能算是完善的人，孔子说：如果具有臧武仲那样的聪明才智，像卞庄子那样勇敢，像孟公绰那样清心寡欲，像冉求那样多才多艺，再修习《礼》、《乐》（养成全面的文采修为），大概可以算是完善的人了。

（接着又）说：如今说完善的人何必要如此（完美）呢？面对利益时能够想到取舍的原则，面对危险时能够舍生取义，哪怕是长期身处困境也能坚持（在年轻时立下的）人生誓言，就可以算是完善的人了。

德性修养和文采修为都达到了很高水平、且融会贯通者为“文质彬彬”，但是，如果没有某种具体描述，我们就不知道孔子心目中的“君子”究竟是怎样的。“子路问成人”，恰好从“君子”之所成的角度为我们从孔子口中求得了答案。

孔子给出了两种版本：足本的“君子”和简本的“君子”。

这段引文的前一部分可以说是“君子”的“足本”。在今天看来，这几乎可以称为“人的自由而全面的发展”，如果具备了智慧、刚毅、勇敢等美德，再加上多才多艺，进而系统掌握了历史文明的优秀遗产、全面养成了文采修为，就可以说是其人已“成”。

其“足本”还被孔子从“成人”角度表述如下：“子曰：志于道，据于德，依于仁，游于艺。”（《述而》）【译文：孔子说：以在人间实现大道为一生志向，以一身守护（大道）为人生使命，追求“仁德”一生不懈，游心六艺一身雍容。】

但不是每一个人都能具有非常优秀的先天禀赋和潜质，而每一个人都应当“成”其为“人”，所以有了“君子”的“简本”。所谓“见利思义，见危授命，久要不忘平生之言”，其要在人格尊严：在面临利益得失时，当取则取，不当取则不取，为了捍卫自己所信奉的价值理想而不惜牺牲生命，即便是终生穷困也能恪守自己曾经发誓要恪守的人生原则，虽不至“文质彬彬”，但于“担当”二字已是毫无亏欠，于“人”之一字亦可无憾。

就常理言，先天禀赋和潜质非常优秀者极难见及，故孔子曰“不得中行而与之，必也狂狷乎”，（《子路》）【译文：既然不能与有中庸德性的人相交往，我希望至少能够有“狂者”、“狷者”相交往吧！】又曰“善人，吾不得而见之矣；得见有恒者，斯可矣”，（《述而》）【译文：德性完善的人，我是看不到了；能看见有操守的人，就可以了】所以，“君子”之“足本”置而不论可矣。

后世儒者于“简本”多有发挥，如子张据之以为“士”，“子张曰：士见危致命，见得思义，祭思敬，丧思哀，其可已矣”。（《子张》）【译文：子张说：读书人面临危险能

够舍生取义，面临利益能够想到取舍的原则，在祭祀时能够心存敬意，在居丧时能够心存悲伤，也就可以了。】

孟子称之为“大丈夫”，“富贵不能淫，贫贱不能移，威武不能屈，此之谓大丈夫”！（《孟子·滕文公下》）【译文：荣华富贵不能乱我心，贫贱卑微不能亡我志，威武豪强不能屈我节，这才算是大丈夫！】

荀子视之为“德操”，“权利不能倾也，群众不能移也，天下不能荡也；生乎由是，死乎由是，夫是之谓德操。德操然后能定，能定然后能应；能定能应，夫是之谓成人”。（《荀子·劝学》）【译文：权力的强暴和利益的诱使不会让我弯腰，人多势众、千夫所指不会让我变节，举天下的荣华富贵不会让我动心；为理想而活，为原则可死，这就是所谓德操。有德操然后人生有定位，有定位然后命运可应对；人生有定位，命运可应对，这才算是“成人”。】

智慧是人的品格、教育是人的事业，孔子的“君子”可谓尽其意矣。然而，在今人观念中，唐代韩愈的“传道、授业、解惑”居然被奉为圭臬，被理解为教育的使命，真正是让人徒呼奈何了。

韩愈理解的教育是“举子业”、以科举考试为中心的教育，韩愈《师说》中的教师是“经师”、以学子金榜题名为目标的教师，与孔子理解的教育和教师实在有云泥之别。

其实，自有“教育”这件事情以来，功名利禄就是题中应有之义，此中自有不得不然之处。不用说隋唐以后的举子业，也不用说今天被当做大学办学水平指标的就业率，就是在孔子门下，“干禄”也是名正言顺的事情——“子张学干禄”，（《为政》）【译文：子张向孔子请教怎样才能求得官职俸禄】以至于孔子感叹道："三年学，不至于谷，不易得也"。(《泰伯》)【译文：(跟着我)读了三年书，还没有干禄的念头，这不容易。】但是，如果说于教育只知"干禄"、不知"成人"是买椟还珠，那么，于教师只知有"经师"、不知有"人师"就只能是数典忘祖了。

二

俗语云：经师易得、人师难求。何谓人师，请看孔子。

子曰：当仁不让于师。(《卫灵公》)

孔子说：面对"仁"，就是自己的老师也不能谦让。

本书第二章业已指出，孔子的"仁"不仅关乎个人的道德品质，还有社会功业的要求，即让天下的老百姓都过上好日子。在孔子看来，如果做弟子的真有让天下老百姓都过上好日子的德性，在面临机会的时候，哪怕是与自己的老师相竞争，也不应该谦让。

"仁"，在根本上是让天下老百姓都过上好日子，此乃孔子之"道"。所谓君子者当以在人间实现"道"为一生志向，故曰"志于道"；那么，集合在"道"的旗帜下的人就是"同志"：为了天下老百姓都过上好日子共同奋斗的人。尽管作为"师生"，为弟子者应当谦让于老师，但是作为"同志"，师生之别毫无意义，如果弟子能够做到在人间实现"道"而老师不能，则弟子就应当勇往直前，乃所谓"当仁不让于师"。

从经验上看，所谓教育，当然先有"师"、"生"之别，是“师”对“生”的教导和培育；在此，要求的是弟子对师尊的敬畏。但是，从根本上说，所谓教育，是以“仁”为师、以“道”为师的伟大事业，是共同求“仁”、求“道”的生命实践；在此，要求的是师生共同对“仁”与“道”的敬畏，并且，在“仁”与“道”的旗帜下，一方面弟子应当敬畏师尊，另一方面师尊应当敬畏弟子。

子曰：后生可畏，焉知来者之不如今也？四十、五十而无闻焉，斯亦不足畏也已。（《子罕》）

译文：孔子说：年轻人是值得给予敬意的，怎么知道他们在将来比不上今天的人呢？（但是，）如果一个人已经四十岁或者五十岁了，还没有一定的名声，也就不足以给予敬意了。

“指穷于为薪，火传也，不知其尽也”，（《庄子·养生主》）教育是师生共同求“仁”、求“道”的生命实践，为了天下老百姓都过上好日子之“道”实现在人间的那一天，为师者岂能不敬畏“后生”！如果“后生”的年纪已长成为“先生”却于求“仁”、求“道”毫无建树，当然“斯亦不足畏也已”。

子曰：不愤不启，不悱不发，举一隅不以三隅反，则不复也。（《述而》）

译文：孔子说：（学生）没有到思有所得而未通的时候，我不去点拨他，没有到言有所至而未能的时候，我不去引导他，（一个房间有四个角落，）告诉他一个角落，他却不能推知其他三个角落，我不会再说了。

人们通常从“启发式教育”的角度来理解孔子的这段话，这当然没错，但恐怕未尽其意。

“启发”可以是教育的手段，也可以是教育的灵魂。在从事举子业的经师那里，比起只会填鸭式教育的，那些懂得“启发式教育”的是“好”经师，但这里的“启发”不过是教育的手段。

人师则不然，不到你郁结难当（“愤”）、血脉贲张（“悱”）之时，我正泰然无事，唯当你能触类旁通之际，我方娓娓道来。其中的道理就在：一，求学而能郁结难当、血脉贲张者才是所谓读书种子，其求学读书为求“仁”、求“道”而不仅仅是“干禄”；二，对于这样的读书种子，郁结难当时得所“启”、血脉贲张时得所“发”，则其“人”恢恢然有所“成”矣。

总之，对于求学者而言，在经师门下，填鸭式教育会“痛”，启发式教育很轻松；在人师门下则不同，固然不会有填鸭式教育，但是他的启发式教育会让学生很“痛”，“成人”过程中不得不有的“痛”，所以是“痛并快乐着”的痛。

子路问：闻斯行诸？子曰：有父兄在，如之何其闻斯行之！冉有问：闻斯行诸？子曰：闻斯行之。公西华曰：由也问闻斯行诸，子曰有父兄在；求也问闻斯行诸，子曰闻斯行之。赤也惑，敢问。子曰：求也退，故进之；由也兼人，故退之。（《先进》）

译文：子路问道：听到（正确的道理）就应该付诸行动吗？孔子说：父兄都健在，怎么能听到（正确的道理）就付诸行动呢！

冉有问道：听到（正确的道理）就应该付诸行动吗？孔子说：听到（正确的道理）就应该付诸行动。

公西华问道：子路问您：听到（正确的道理）就应该付诸行动吗？您说：父兄都健在；冉求问您：听到（正确的道理）就应该付诸行动吗？您说：听到（正确的道理）就应该付诸行动。我有点糊涂了，请您指点。

孔子说：冉求为人有畏葸不前之弊，所以我鼓励他；子路为人有胆大包天之病，所以我给他加一点束缚。

人们通常把孔子这段话解读为“因材施教”，这当然没错，但还需要联系到孔子的“启发式教育”来理解“因材施教”，才能知道人师不仅有其“智”：能一针见血地点到学生的痛处，更在于人师有其“仁”：与学生休戚与共而痛学生之所痛。

伯牛有疾，子问之，自牖执其手，曰：亡之，命矣夫！斯人也而有斯疾也！斯人也而有斯疾也！（《雍也》）

译文：冉耕得了重病，孔子去看望他，从窗户外面握着他的手说：很难活了，这就是命吧！这个人呵，竟然得了这种病呵！这个人呵，竟然得了这种病呵！

孔子于冉耕，其情已近父子，其哀已近伤怀，有白头人送黑头人之痛。

子谓仲弓，曰：犁牛之子骍且角，虽欲勿用，山川其舍诸？（《雍也》）

译文：孔子谈到冉雍，说：（就算是）耕牛，如果它的儿子长着红色的毛、周正的角，（哪怕世人）不愿用来作为祭祀神灵的牺牲，山川之神灵难道也会舍弃吗？

冉雍是庙堂之器——“子曰：雍也可使南面”（《颜渊》）【译文：孔子说：冉雍，可以出仕为官了】——却出身卑贱，可以想见其命运之坎坷和情怀之纠结，而孔子不忍矣。

孔子以祭祀相比——在周代，祭祀之物以牛为最贵重，而祭祀之牛是专门饲养的，并且其品相有一定的标准，远非负重劳作的耕牛可比——如果卑贱的耕牛产下品相完全符合祭祀要求的子嗣，就算世人以其出身卑贱而鄙视之，被祭祀的神灵也不会答应。这番话是劝慰、如母亲般的舐犊情深，也是勉励、如父亲般的恃怙可依。

于是，孔门就成了以求“仁”、求“道”为精神纽带的共同体，在这种共同体中，每个人生命的成长、实践和完善都交织在了一起，这种共同体不是家庭、胜似家庭。

子华使于齐，冉子为其母请粟，子曰：与之釜。请益，曰：与之庾。冉子与之粟五秉。子曰：赤之适齐也，乘肥马，衣轻裘。吾闻之也，君子周急不继富。（《雍也》）

译文：公西华被派去齐国当使者，冉求为公西华的母亲请求给些小米，孔子说：给她一釜（六斗四升）。冉有请求多给些，孔子说：再增加一庾（二斗四升）。（结果是，）冉求给了五秉（八十石）。

孔子说：公西华出使齐国，坐的是肥壮的马驾的车，穿的是又轻又软的裘皮袍。（你为什么要给八十石之多？）我听说过：君子做的是雪中送炭，不做的是锦上添花。

这应该是孔子五十岁入仕为中都宰至五十六岁“由大司寇行摄相事”（司马迁语）之间的事情。孔子派遣公西华出使齐国，冉求大概是要讨好公西华，以安顿其老母为名义请求孔子给予津贴。安顿老母的名义实在冠冕堂皇，但公西华已然富有，所以孔子给得并不多。冉求却自作主张地给了八十石小米，孔子没有批评冉求的自作主张，批评的是冉求的用心在讨好公西华。

原思为之宰，与之粟九百，辞。子曰：毋！以与尔邻里乡党乎！（《雍也》）

译文：原思做了孔子家的总管，孔子给他九百（译注：计量单位不明）小米，原思不肯接受。孔子说：不要这样！就算你不需要，可以用来接济你家乡的人！

原文在“九百”之后没有计量单位，因为无可揣测，只得存疑。孔子出仕以后，公务繁重，所以请原思总管其家事，孔子当然要给予俸禄。与派遣公西华出使而安置其老母是一次性的不同，给原思的是“常禄”、类似于今天的月薪或者年薪，而孔子给的“九百（?）”小米让原思感到太多。孔子坚持给“九百（?）”，理由是，这是你应当应分的“常禄”，你不必因为我们的师生关系而感到不安；如果你无法心安，就多多接济你家乡的穷人吧。

子谓公冶长：可妻也；虽在缧绁之中，非其罪也。以其子妻之。《公冶长》）

译文：孔子评价公冶长：可以把女儿嫁给他；他虽然坐过大牢，但不是他的罪过。（后来就）把自己的女儿嫁给了他。

子谓南容：邦有道，不废；邦无道，免于刑戮。以其兄之子妻之。《公冶长》）

译文：孔子评价南容：国家政治清明，此人不会碌碌无为；国家政治黑暗，此人也能明哲保身。（后来就）把自己的侄女嫁给了他。

孔子嫁女似乎也有讲究。南容显然更为可靠，“南容三复白圭，孔子以其兄之子妻之”。（《先进》）【译文：南容经常吟诵“白圭”（之诗句），孔子就把自己的侄女嫁给了他】“白圭”指的是《诗经·大雅·抑》中的“白圭之玷，尚可磨也；斯言之玷，不可为也”！南容经常吟诵此诗，当属于谨小慎微之人，所以是“邦无道，免于刑戮”；但是此人所长并非仅仅是明哲保身，更有庙堂之才，所以是“邦有道，不废”。公冶长既无明哲保身之能，所以无罪蹲了大牢，又未见有庙堂之才，选择这样的人做姑爷，老丈人心中多少有些惴惴不安。

结果是：孔子让公冶长做了自己的姑爷，让南容做了孔老大的姑爷。

于是，在以求“仁”、求“道”为精神纽带的孔门之中洋溢着某种与血缘亲情非常相似的感情。

与孔子劝慰仲弓相同，子夏也劝慰起了司马牛：“司马牛忧曰：人皆有兄弟，我独亡。子夏曰：商闻之矣：死生有命，富贵在天。君子敬而无失，与人恭而有礼。四海之内皆兄弟也，君子何患乎无兄弟也！”（《颜渊》）【译文：司马牛忧伤地说：别人都有兄弟，只有我没有。子夏说：我听说过：是死是活，自有命运，有富有贵，全在天意。（所以，）君子心存敬意地去做该做的事情，尽可能不犯错误，与人相交恭敬有礼。（就能发现，）四海之内皆兄弟，君子又何必为没有兄弟担忧呢！】

浸淫在孔门的精神氛围中，就有了曾参对砥砺德性和完善生命的体悟，“曾子曰：君子以文会友，以友辅仁”。（《颜渊》）【译文：曾参说：君子以（切磋）文采修为与朋友相交往，通过朋友的交往来培养仁德】

沐浴在人师的春风拂面中，就有了弟子们不同个性的交相辉映，“闵子侍侧，訚訚如也；子路，行行如也；冉有、子贡，侃侃如也。子乐。”（《先进》）【译文：闵子骞随侍在孔子身旁，一派心平气和的样子；子路，一派舍我其谁的样子；冉有和子贡，一派从容不迫的样子。孔子很是高兴。】

但是，并不永远是一派温馨祥和的样子。这是一个以求“仁”、求“道”为精神纽带的共同体，所以也有针砭和贬斥，还有拒绝。

子贡方人，子曰：赐也贤乎哉？夫我则不暇。（《宪问》）

译文：子贡（在背后）议论别人，孔子（对他）说：你就足够好了吗？我可没有（背后议论别人的）闲工夫。

背后议论他人，实在不是什么大毛病，也极为常见。孔子痛下针砭：看来你比我强，我的德性不够，完善自己还来不及，你已经不需要完善自己，可以臧否人物了。孔子用语平和却机锋凌厉，可以想见子贡听闻之后的羞惭难当。

子贡曰：我不欲人之加诸我也，吾亦欲无加诸人。子曰：赐也，非尔所及也。（《公冶长》）

译文：子贡说：我不愿意别人（把意志）强加于我，我也不想（把意志）强加于人。孔子说：端木赐呵，这不是你能够做得到的。

既不接受别人把意志强加于自己，也不会把意志强加于别人，这是一件了不起的事情，用今天的话来说，叫做“独立人格”、叫做“自由意志”。

真的能做到“不欲人之加诸我”，需要“大勇”，因为这时你面对的是强权、暴力和利诱等等；真的能做到“吾亦欲无加诸人”，是谓“大仁”，因为这需要如同天无不覆、地无不载的胸襟、尊重和热爱；真的能做到“不欲人之加诸我，吾亦欲无加诸人”，还需要“大智”，因为你不仅摆平了“人之加诸我”之横暴，也战胜了“加诸人”之冲动。

这当然不是端木赐能够做得到的，但是，孔子如此直言不讳，对于端木赐来说，又情何以堪！

以上两例是针砭，以下两例是贬斥。

哀公问社于宰我，宰我对曰：夏后氏以松，殷人以柏，周人以栗；曰：使民战栗。子闻之曰：成事不说，遂事不谏，既往不咎。（《八佾》）

译文：哀公问宰我：土地神的牌位应该用什么木料，宰我回答：夏代用的是松木，殷代用的是柏木，周代用的是栗木；用意都在于：让老百姓胆战心惊。孔子听说了这话，（对宰我）说：已经做了的事情就不要解释了，已经无法挽回的事情就不用批评了，已经过去了的事情就不再追究了。

宰我之心可诛！其恶有三：一，他主张“恐怖政治”，正是孔子“仁”的反面；二，他歪曲历史，编造夏商周三代都搞恐怖政治的谎言；三，他的用意在于唆使哀公有样学样地也搞恐怖政治。

这当然让孔子愤怒之极！孔子拒绝听宰我的解释——“成事不说”，因为身为孔门弟子，居然是恐怖政治的信徒，已然无需解释；孔子不愿批评宰我——“遂事不谏”，因为身为孔门弟子，居然是恐怖政治的信徒，已然无需批评；孔子不再追究宰我——“既往不咎”，因为身为孔门弟子，居然是恐怖政治的信徒，已然无需追究。

然而，不听解释、不愿批评和不再追究是彻底死心的表现：对宰我已然不可救药感到绝望。

季氏富于周公，而求也为之聚敛而附益之。子曰：非吾徒也！小子鸣鼓而攻之，可也。（《先进》）

译文：（鲁国的执政者）季氏比（鲁国开国之君周公）还要富有，冉求（给季氏当管家）还要大肆搜刮民脂民膏，为季氏增加财富。孔子（对弟子们）说：（冉求）不是我的门徒！你们可以大张旗鼓地谴责他。

冉求对于孔子的学说主张一向是姑妄听之，“冉求曰：非不说子之道，力不足也。子曰：力不足者，中道而废。今女画”。（《雍也》）【译文：冉求说：我不是不喜欢您的学说主张，我是能力不够。孔子说：（如果真的是）能力不够，（其表现是）走在半路上直到走不动。你却是画地为牢（不肯前行）。】

其实，孔子根本就不认可“力不足”，“有能一日用其力于仁矣乎？我未见力不足者。盖有之矣，我未之见也”。（《里仁》）【译文：（世上）还有（哪怕是）有一天把自己的力量用在“仁”上的吗？我没有见过连这点力量都没有的人。大概有这样的人吧，只是我从未见过。】

冉求于孔子的“仁”从未当过真，居然为统治者做劫贫济富的事情，所以孔子直斥为“非吾徒也”，做出了逐出门墙的姿态。顺便说一句，比起宰我，孔子对冉求的贬斥要轻些，因为在“小子鸣鼓而攻之，可也”中，还保留着对冉求改弦更张的期待。

说过了针砭、贬斥以后，再说拒绝，虽然孔子极少拒绝。

互乡难与言，童子见，门人惑。子曰：与其进也，不与其退也，唯何甚？人洁己以进，与其洁也，不保其往也。（《述而》）

译文：互乡（译注：地名）的人以难打交道出名，孔子接见了互乡的一个少年，弟子们困惑了。孔子说：（无论什么人，）我们都希望他进步，不希望他退步，（你们）为什么这么过分？（不管什么）人（只要）诚心地追求进步，（我们就应该）回应他的诚心，不应该只记得他的过去。

弟子们之所以困惑，是因为“类标签”在起作用。所谓类标签，就是把某种“类”的共性当做认识人的方法，就是在今天，人们的观念中仍然充斥着某某地方的人最小气、某某地方的男人最娘娘腔、某某地方的女人最泼辣等等。实际上，每个人都有自己的个性，每个地方都有各色各样的人，“类标签”实在没有道理。

但是，认知那一个个具有特殊个性的人，实在是一件非常困难和麻烦的事情，“类标签”简化了生活世界的复杂性，能够缓和认知世界的压力和逃避人际交往的困难，所以深受大众的欢迎。大概可以说，“类标签”会与人类世界共存亡。

因为“类标签”的作用，就有了这样的困惑：孔子怎么会与以难打交道出名的人交往呢？但是，这个少年真的是难打交道的人吗？这要打过交道才能知道，所以孔子说：“众恶之，必察焉；众好之，必察焉。”（《卫灵公》）【译文：大家都讨厌的人，一定要（自己去）考察；大家都喜欢的人，一定要（自己去）考察。】

阙党童子将命。或问之曰：益者与？子曰：吾见其居于位也，见其与先生并行也；非求益者也，欲速成者也。（《宪问》）

译文：阙党（译注：地名）有个少年来孔子处传话。（事后，）有人问孔子：这个少年是肯求上进的人吗？孔子说：我看到他（大模大样）坐在位子上，又（曾经）看到他与长辈并肩而行；（由此可知，）这不是个肯求上进的人，不过是个急于成功的人。

孔子就居住在阙党，想必流风所及，其童子人人都有向上之心、奋发之志，所以“或问之曰：益者与”？其实不然！如果以今天来类比，此童子不过是想拿到与孔子的合影以炫耀示人的人。

在孔子，“欲速成者也”是“察焉”以后的结论，他坚决反对贴“类标签”的事情，但是他知道做到这一点真的很难："子曰：不逆诈，不亿不信，抑亦先觉者，是贤乎!"（《宪问》）【译文：孔子说：（与人相交，）不预先防范对方的用心有诈，也不预先臆测对方的言行不一，却能够（在交往之中）及时发现（对方的欺诈和不信），这样的人可以称得上"贤"了。】

孔子很少拒绝与人交往，但不是从不拒绝。

孺悲欲见孔子，孔子辞以疾。将命者出户，取瑟而歌，使之闻之。（《阳货》）

译文：孺悲想面见孔子，孔子托言有病不见。传话的人刚出房门，孔子却取瑟弹奏起来，还唱着歌，有意让孺悲听到。

据史籍记载，孺悲曾经跟孔子学习过"士丧礼"，当然为孔子所深察，所以孔子拒绝孺悲的求见，还要把他的"拒绝"突显出来。

后来，孟子从中化出了"教亦多术矣；予不屑之教诲也者，是亦教诲之而已矣"。（《孟子·告子下》）【译文：教育也有各种方法；我不屑于教诲的人，（其不屑于教诲）也是对他的教诲呢】孟子的意思虽然不错：孔子的"使之闻之"确有警醒之意，但是，孔子那种"唯仁者能好人，能恶人"（《里仁》）的勇气就隐而不彰了。

以求"仁"、求"道"为宗旨，孔门之中有针砭、有贬斥，还有拒绝，但更多的是温馨祥和，成为一个有着牢固精神纽带的共同体。其中的关键当然是孔子真的做到了以"仁"为师、以"道"为师，由此，教育成了共同求"仁"、求"道"的生命实践。我们就来看看孔子是如何向弟子学习的。

子贡曰：贫而无谄，富而无骄，何如？子曰：可也。未若贫而乐，富而好礼者也。子贡曰：诗云：如切如磋，如琢如磨。其斯之谓与？子曰：赐也，始可与言诗已矣！告诸往而知来者。（《学而》）

译文：子贡问：贫困却没有谄媚的毛病，富有却没有骄横的毛病，（这样的人）怎么样？孔子说：可以了。（但是，还）比不上贫困还能快乐地生活、富有还能热爱周礼的人。

子贡说：《诗经》里说：如切如磋，如琢如磨。就是这个意思吧？孔子说：端木赐呵，如今可以与你讨论《诗经》了！告诉你过去的事情，你能够推知将来的事情了。

这一对话并非泛泛而论，而是弟子向老师“印证”所达到的修为境地。子贡虽以“贫而无谄，富而无骄”对举，但意在后者，因为他是一个经商高手，早就富得流油了；他的意思是：我虽然富有，却没有骄横的毛病，我的修为在什么水平上？

孔子以一个“可”字肯定了他的“富而无骄”——虽然是“贫而无怨难，富而无骄易”（《宪问》）【译文：贫穷却不怨天尤人，很难，富裕却不飞扬跋扈，倒还容易些】——但马上就点示有待提升到“富而好礼”，从而为子贡开启出进一步修为的法门。

“无谄”、“无骄”或“无怨”是否定性命题“不做……”而已，所以需要提升为肯定性命题“做……”。“乐”和“好礼”就是肯定性命题：虽然贫穷，但是我仍然追求着生活的快乐；既然富有，我就应当追求恢复周礼，让天下人都能过上好日子。

子贡马上就领会到孔子的良苦用心，于是引用《诗经》再一次希望求得印证：您老人家这是在如治骨角之切磋、如治玉石之琢磨，想方设法要让我成器啊。这就是所谓“举一隅能以三隅反”，孔子非常高兴，说你的水平够得上与我讨论《诗经》了。

子夏问曰：巧笑倩兮，美目盼兮，素以为绚兮。何谓也？子曰：绘事后素。曰：礼后乎？子曰：起予者商也！始可与言诗已矣。（《八佾》）

译文：子夏问：（《诗经》中的）巧笑倩兮，美目盼兮，素以为绚兮，是什么意思？孔子说：绘画这件事情总是先打好白色的底子，然后在上面用彩色来描画。子夏接着说：（那么，）礼在后面？孔子说：卜商啊，你启发了我呵！如今可以与你讨论《诗经》了。

“巧笑倩兮，美目盼兮，素以为绚兮”，子夏本来认为应该理解为：美人天生丽质而无需装扮，如唐代诗家张祜的“虢国夫人承主恩，平明骑马入宫门。却嫌脂粉污颜色，淡扫蛾眉朝至尊”。但这是主张“文质彬彬，然后君子”的孔子完全不能接受的，所以他以绘画为比：如果白色的底子打不好，如何施以彩绘呢？

子夏也能举一反三，马上就能联想到“行有余力，则以学文”，于是再问孔子：为君子者亦如此乎？德性根基培育厚了，才可以学习礼乐之“文”？

孔子本来并没有想到君子人格的培养和“绘事”之间的这层类似，经子夏如此一问，顿然有悟，欣然而喜，说你的水平够得上与我讨论《诗经》了。

重要的是，孔子非常希望能够从弟子那儿学到东西，更非常乐意承认这一点，故以“起予者”嘉誉子夏。与此对应，尽管孔子最欣赏的学生是颜回，但其憾处正在“回也非助我者也，于吾言无所不说”。（《先进》）【译文：颜回不是对我有帮助的人，对我说的话没有不欣然接受的】

子之武城，闻弦歌之声。夫子莞尔而笑，曰：割鸡焉用牛刀？子游对曰：昔者偃也闻诸夫子曰：君子学道则爱人，小人学道则易使也。子曰：二三子！偃之言是也，前言戏之耳。（《阳货》）

译文：孔子到了（由子游担任地方官的）武城，听到了演奏礼乐的声音。老人家微微地笑着说：宰鸡用得着屠牛刀吗？子游回答说：过去我听您老人家说过：有身份的人学习了礼乐，就会有仁爱之心，老百姓学习了礼乐，就乐于服从长官。孔子说：你们这些学生听着：言偃的话是对的，我前面说的话不过开玩笑罢了。

俗话说：人非圣贤、孰能无过？如果说“圣人”的标识之一是从不犯错，那么，孔子就不是“圣人”，这里他承认自己话说错了。

子夏在武城做地方官，实行的正是孔子推崇的礼乐教化，孔子身历其境，自然是欣然而喜；只是礼乐教化是“治国平天下”之重器，用之于小小的武城未免可惜，所以说“割鸡焉用牛刀”。子游正辞应之以礼乐之用本无所不赅，而孔子坦然受教，故亦正辞以告诸弟子“偃之言是也”，我前面说的话不算数。

世人通常以“教学相长”来赞美孔子的虚怀若谷，这当然是对的；但还必须加一句话才能到位，这就是在孔门这个以“仁”为师、以“道”为师的精神共同体中，“教学相长”在根本上是共同求“仁”、求“道”的实践在生命中所积淀者越来越深厚，不能仅仅理解为彼此都能学到更多的知识。

在孔子看来，在社会关系层面的以“师”为“师”与在精神理想层面的以“仁”为师、以“道”为师是并行不悖的，教育在根本上是“师”、 “生”共同求“仁”、求“道”的生命实践，所以，“学”与“思”就是相辅相成的。处理好“学”与“思”的关系，是人格培养和成长的关键。

子曰：学而不思则罔，思而不学则殆。（《为政》）

译文：孔子说：学习（包括读书和操演）却不思考，其结果是糊涂，喜欢思考却不肯读书，其结果就危险了。

读书和操演是习得知识和能力的基础，但如果没有养成批判性思考的习惯，就只能是个书呆子；反过来，喜欢思考的人，如果没有习得相应的知识和能力，他的思考就不可能是真正批判性的，必然滑落在怀疑一切的深渊之中，那就没得救了。

相应于“学而不思则罔”者，比如把“子入大庙，每事问”理解为“孰谓鄹人之子知礼乎”的那位仁兄，学而思之的人说“是礼也”！（《八佾》）至于“思而不学则殆”者，孔子则自省如下：“吾尝终日不食、终夜不寝，以思，无益，不如学也。”（《卫灵公》）【译文：我曾经整天不吃饭、整夜不睡觉，一心在思考问题，（终于发现）没有用，不如好好学习。】好在孔子迷途而知返，终于不殆。

学而后思、思而后学，且行且止，无“罔”无“殆”，以至于君子。“子曰：论笃是与，君子者乎？色庄者乎？”（《先进》）【译文：（人们总是）推许言论笃实的人，（却不想一想，言论笃实的人）究竟真的是一个君子？还是一个神色庄重（以惑人）的人？】如果不能学而后思、思而后学，就分不清“君子者乎？色庄者乎”？那就既“罔”且“殆”了。

子曰：不曰如之何、如之何者，吾末如之何也已矣。（《卫灵公》）

译文：孔子说：（对于那种从来）不想着“怎么办？怎么办？”的人，我也不知道拿他们怎么办了。

学而后思，惕然知不足，“如之何、如之何”者油然而生；思而后学，了然知得失，“如之何、如之何”者豁然而解；对于学而不思和思而不学的人，孔子真的拿他没办法。即便孔门这个以“仁”为师、以“道”为师的精神共同体，也不免出现以下情况：

子曰：苗而不秀者有矣夫，秀而不实者有矣夫。（《子罕》）

译文：孔子说：庄稼从地里抽出了苗、却不能开花抽穗，是有的；开花抽穗却不能灌浆结实，是有的。

子曰：可与共学，未可与适道；可与适道，未可与立；可与立，未可与权。（《子罕》）

译文：可以在一起共同学习的人，未必都可以走上正确的道路；可以共同走上正确道路的人，未必都可以成长为有独立人格的人；可以共同成长为有独立人格的人，未必都可以达到通权达变的境界。

其实这很正常，就是最牛的经师也不可能使其弟子个个金榜题名，何况以“仁”为师、以“道”为师的人师。在孔子门下，“可与共学”、“与适道”、“与立”和“与权”的也只有一个颜渊。“子谓颜渊，曰：惜乎！吾见其进也，未见其止也。”（《子罕》）【译文：孔子谈到颜渊，说：太可惜了（颜渊死了）！（在颜渊生前，）我只看见他在进步，从未看见过他停滞不前。】但是，在人师心目中，这又是何等的不甘！于是就有了让后人瞠目结舌的评价：

柴也愚，参也鲁，师也辟，由也喭。（《先进》）

译文：高柴愚笨，曾参迟钝，颛孙师滑头，仲由脸皮厚。

别人不去说了，孔子的“参也鲁”着实让宋代诸大儒悲愤莫名，如“程子曰：参也竟以鲁得之”，孔子居然说曾参迟钝！但麻烦之极的是，说曾参迟钝的居然是孔子！无论如何也不能说孔子有错，就只好曲为之辩：“（程子）又曰：曾子之学，诚笃而已。圣门学者，聪明才辩，不为不多，而卒传其道，乃质鲁之人尔。故学以诚实为贵也。尹氏曰：曾子之才鲁，故其学也确，所以能深造乎道也。”[1] 这真的是

---

1 朱熹《四书章句集注》，第120－121页，中华书局2011年版。

非常可怪之论：迟钝的人，才是最了不起的人！不知道这话有多少可信度，反正我不信。

德行：颜渊，闵子骞，冉伯牛，仲弓。言语：宰我，子贡。政事：冉有，季路。文学：子游，子夏。（《先进》）

译文：德性超群的有：颜渊，闵子骞，冉伯牛，仲弓。能言善辩的有：宰我，子贡。有从政才干的有：冉有，季路。精通历史文献的有：子游，子夏。

虽然只有极少人能够在以"仁"为师、以"道"为师的道路上精进不止，但是为人师者所取得的成就已然蔚为大观了。

三

下面重点说说孔子最喜爱的两个弟子：子路和颜回，看看为人师者博大深邃的情感世界。

关于子路，我们已经知道的是：一，子路有直言不讳之德，即便是孔子，也敢于面诤，如："子见南子，子路不说。夫子矢之曰：予所否者，天厌之！天厌之！"（《雍也》）又如孔子两次欲应叛臣之召，都是子路出言相阻。二，子路的大毛病是一张嘴不肯吃亏，不惜强词夺理以逞其勇，在与荷蓧丈人交往的事情上，本意在自证高明，却说出"欲洁其身，而乱大伦。君子之仕也，行其义也。道之不行，已知之矣"（《微子》）的昏话。

"子曰：过而不改，是谓过矣。"（《卫灵公》）【译文：孔子说：犯了错却不肯改正，那就真的是过错了】子路脸皮厚的毛病终身未改，所以有“由也喭”（《先进》）之论定，而前提是，孔子对于子路的这个毛病没少针砭过。

子曰：由！诲女知之乎：知之为知之，不知为不知，是知也。（《为政》）

译文：孔子对子路说：由呵，告诉你什么是“智”德吧！知道什么就是什么，不知道的就不知道，（不强不知以为知）这就是“智”德。

这与孔子通常的法子——“不愤不启，不悱不发，举一隅不以三隅反，则不复也。”（《述而》）——是如此不同：子路对何为“知”既没有“愤”、也没有“悱”，孔子却把子路叫过来“诲女知之乎”，大概是忍无可忍了，才有此变通之举。

季路问事鬼神，子曰：未能事人，焉能事鬼？敢问死，曰：未知生，焉知死？（《先进》）

译文：子路问应该怎样侍奉鬼神，孔子说：活人尚且没能侍奉好，谈得上侍奉鬼神吗？子路接着问：那我斗胆问一句：死，是怎么一回事？孔子说：还没有懂得活着是怎么一回事，怎么能懂得死是怎么一回事。

孔子对于鬼神之事采取的是“悬置”的态度，所以“子不语怪、力、乱、神。”（《述而》）【译文：孔子从来不谈怪异的事情、暴力的事情、悖乱的事情、鬼神的事情。】

至于祭祀，则不得不对鬼神之事有某种态度，通常而言，无非要么相信鬼神是真实的存在，要么相信鬼神是无稽之谈；但是，孔子的态度却不同。“祭如在，祭神如神在。子曰：吾不与祭，如不祭。”（《八佾》）【译文：祭祀祖先时，就好像祖先真的在面前；祭祀神灵时，就好像神灵真的在面前。孔子又说：如果我（由于某种原因）没能亲自参加祭祀，我就欠缺一份（对祖先和神灵的）敬意。】

这真的很有意思。一，在祭祀、且仅仅在祭祀时，我真心相信祖先灵魂或者神灵存在着，并且就在我的面前看着我行礼如仪；除此而外，我对于祖先有无灵魂和神灵之有无这件事情存疑、并且悬置。二，尽管我对于祖先有无灵魂和神灵之有无这件事情存疑，但是我对祖先和神灵的敬意不但无疑，而且必须要表达出来。三，存疑就会造成某种紧张，悬置就会带来某种对抗，所以，通过祭祀表达出对祖先、神灵的敬意，我与祖先、神灵关系中的紧张和对抗就得到了和解。

自一百多年前的西学东渐以来，参照世界其他民族历史，人们常常说中国人是一个没有宗教的民族，这当然是预设了宗教的标准——以西方基督教为代表的宗教形态——得出的结论。虽然这一预设并没有经过理性的批判，所以是不可靠的，但无论如何，中国人的宗教观念与世界其他各民族非常不一样，则毋庸置疑。那么，中国人宗教观念的“基因”就深藏在孔子的“祭如在，祭神如神在。子曰：吾不与祭，如不祭”之中。

这个问题太大，故置而不论可也，这里只点明一个关键之处：孔子以活人的事情为中心来处理死人的事情：“樊迟问知，子曰：务民之义，敬鬼神而远之，可谓知矣。”（《雍也》）【译文：樊迟问什么是“智”，孔子回答说：专心一志地想着老百姓的事情，对于鬼神之事，心存敬意而保

持距离，就算的上有“智”德了。】

子路问应该怎样侍奉鬼神，这就已经把鬼神的存在当做是事实了；孔子不能正面去质疑——这真的是事实吗？但是，他可以一以贯之地质疑——活人的事情你处理好了吗？

子曰：片言可以折狱者，其由也与？（《颜渊》）

译文：孔子说：只听到只言片语，就敢断案裁决的人，大概就是子路了。

文中的“片言”有两种解释：一是指诉讼之两造之一说的话，二是指诉讼者陈述言辞的一鳞半爪，虽然今天无法知其确解，但无论哪种解释都无碍理解孔子此语的主旨。但是，前贤通常“正面”来解读孔子此语——说孔子夸赞子路的德性好得不得了，所以为人所信服——却是昏聩之论。

子路的德性当然不是好得不得了，孔子此语主旨在于批评子路刚愎自用：刚刚听完诉讼一造的话，没让另一造开口，这位老兄就拍板断案了。或者更不像话，刚刚听到诉讼一造的只言片语，事情刚刚知道一鳞半爪，这位老兄就拍板断案了。这简直是草菅人命的事情，孔子会因此夸赞子路？

相反，孔子肯定会夸赞曾参：“孟氏使阳肤为士师，问于曾子，曾子曰：上失其道，民散久矣。如得其情，则哀矜而勿喜。”（《子张》）【译文：孟氏任命阳肤做法官，阳肤向曾子请教，曾子说：长期以来，统治者胡作非为，老百姓心思都乱了。如果你办案审理出了犯罪的实情，也应该对罪犯心存怜悯，切不可（为自己审理出了实情而）沾沾自喜。】

孔子针砭子路最狠的一次是前面说过的“是故恶夫佞者”。（《先进》）孔子为人雍容谦和，对弟子更是“与其进也，不与其退也”，（《述而》）只是在情非得已时，也会直斥其非，其极者为指斥宰我为“不仁”，（《阳货》）其次就是指斥子路为“佞”了。

子路其实是个优点和缺点同样突出的人，比如“子路无宿诺”。（《颜渊》）【译文：子路做出了承诺就急于兑现。】子路既有脸皮厚的毛病，也有小可爱的地方。

子路有闻，未之能行，唯恐有闻。（《公冶长》）

译文：子路听到（孔子说了些）什么，只要还不能做到，就很担心又（从孔子那儿）听到什么。

后世读者只要想象“子路有闻，未之能行”而又“有闻”时的无奈、焦急，甚至有点小愤怒的窘状，一定会忍俊不禁。

优点和缺点都鲜明突出，且相伴而生、交互为用，结果就先是令人忍俊不禁，接着又哭笑不得。

子曰：衣敝缊袍，与衣狐貉者立，而不耻者，其由也与？不忮不求，何用不臧！子路终身诵之。子曰：是道也，何足以臧？（《子罕》）

译文：孔子说：穿着破旧的丝绵袍子和穿着狐貉皮裘的人比肩而立，却丝毫不觉得丢人的人，大概只有子路了。（就像《诗经》里说的：）不嫉妒别人的富贵，不在意自己的贫寒，（这样的人）无论置身何地都不会失态。子路听了，把这两句诗挂在嘴边。孔子说：就这副德性，怎么能不失态。

“衣敝缊袍，与衣狐貉者立，而不耻者”，真正是有大丈夫人格，故为孔子所夸赞。要命的是，孔子的夸赞马上就让子路失态了，孩童般地念念有词，以炫耀于人。值得注意的还有文中的“终身”二字：这是说即便孔子说了“是道也，何足以臧”，子路亦充耳不闻，继续碎碎念着“不忮不求，何用不臧”。

子曰：道不行，乘桴浮于海。从我者，其由与？子路闻之喜。子曰：由也好勇过我，无所取材。（《公冶长》）

译文：孔子说：我的“道”行不通了，我就扎个木筏漂洋过海（归隐）去。跟随我的，大概只有子路了吧。子路听到这话，很是高兴。孔子说：子路这个人比我还喜好逞狠斗勇，这就没有什么可取之处了。

这是何等的期许呵！即便孔子自逐于故国乡梓，子路也会忠心追随，也只有子路会忠心追随！“子路闻之喜”似乎是理所当然的，为什么孔子不喜其“喜”呢？这当然是因为子路对“道不行，乘桴浮于海”之苦痛、之绝望居然毫无知觉。

真是个让人哭笑不得的子路！个性鲜明而油盐不进，得失参半而我行我素；他是真的服膺孔子，也是真的不懂孔子。

子路曰：卫君待子而为政，子将奚先？子曰：必也正名乎！子路曰：有是哉，子之迂也！奚其正？子曰：野哉由也！君子于其所不知，盖阙如也。名不正，则言不顺；言不顺，则事不成；事不成，则礼乐不兴；礼乐不兴，则刑罚不中；刑罚不中，则民无所措手足。故君子名之必可言也，言之必可行也。君子于其言，无所苟而已矣。（《子路》）

译文：子路说：假如卫国国君任用您主持国政，您打算首先做什么事？孔子说：必定是正名。子路说：居然有这种事，您真是迂腐呵！为什么要正名？孔子说：真是没教养呵，你这个人！君子对于自己不知道的事情，就应该沉默。

名分乱了，说出来的话（政令）就自相矛盾；说出来的话（政令）自相矛盾，要做的事情就做不成；要做的事情做不成，复兴礼乐的大业就无从谈起；礼乐不能复兴，就会出现刑罚与犯罪不相当的局面；刑罚与犯罪不相当，老百姓连手脚应该放在哪儿都不知道了。

所以说，君子（做什么事首先必定是正名，然后）说出来的话（政令）才不会自相矛盾，才具有可操作性。君子对于说话这件事情，千万不能有一丝马虎。

孔子讲的正名，可以参照另外两段话来理解。

一，“齐景公问政于孔子，孔子对曰：君君、臣臣、父父、子子。”（《颜渊》）【译文：齐景公向孔子请教如何治理国家，孔子回答：君要像君的样子、臣要像臣的样子、父要像父的样子、子要像子的样子。】

这说的是正名的目标，即根据周礼规制，首先是要把君当作君、臣当作臣、父当作父、子当作子，应当循名责实，不能乱了规矩；其次是君就要有君的样子、臣要有臣的样子、父要有父的样子、子要有子的样子，应当恪尽职守，不能胡作非为。

二，“颜渊问仁。子曰：克己复礼为仁。一日克己复礼，天下归仁焉。为仁由己，而由人乎哉！”（《颜渊》）【译文：颜回向孔子请教“仁”是什么。孔子说：克制自己的私欲、懈怠和不自信，使得自己的一切言行都恪守周礼，这就是“为仁”的法门。哪怕能有一天做到了克己复礼，天下人看到了就会服膺于“仁”。】

这说的是正名的基础，虽然执政者可以使用政治权力来恢复周礼，但如果周礼的权威性不能在人心中恢复，则人去政息。所以，在人心中恢复周礼的权威性是在制度上恢复周礼的基础。

但是在子路就是另外一回事了，参之以“千乘之国，摄乎大国之间，加之以师旅，因之以饥馑；由也为之，比及三年，可使有勇，且知方也”，（《先进》）子路大概是以“勇”为治国之“先”的，因为在那个礼崩乐坏的时代，每个国家都思谋着富国强兵、扩张称霸，对于以勇自命的子路来说正是一逞其雄的好时光。孔子却说什么“正名”，让子路大为不屑，斥之曰“迂”，意思是：书呆子气。

孔子反讽以“野”，意思是：没文化、没教养；然后说出了为什么执政以正名为先的道理。名分乱了，说出来的话（政令）与其身份不符，政事也就乱了套；政事乱了套，则礼乐滥用于贵族，而刑罚滥加于百姓，老百姓动辄得咎矣。

很有意思的是，这段对话还有另外一层意味。子路斥孔子为“迂”，以传统所谓一日为师、终生为父的观念去看，太没礼貌了！正是“子不子”矣。孔子还之以“野”——没教养，却是为师之道，就是在做正名的事情。

同样，引文最后的“故君子名之必可言也，言之必可行也。君子于其言，无所苟而已矣”也有两层意思。一，直接的意思是进一步展开“正名”的讨论，可以理解为：因为“名不正，则言不顺”，所以君子“名之”（发布政令）必“正”而后能“顺”。间接的意思是对子路的教诲，又可以理解为：君子说话必定要有根有据，能够说得出道理，而且具有可行性，否则就应该“阙如也”，只有小人才会胡说八道。

对于让人哭笑不得的子路，孔子真的是既爱又恨。

子曰：法语之言，能无从乎？改之为贵。巽与之言，能无说乎？绎之为贵。说而不绎，从而不改，吾末如之何也已矣。（《子罕》）

译文：孔子说：听到严肃的道理，能不赞同吗？（依据道理）改正自己的错误才可贵。听到悦耳的美言，能不高兴吗？分析美言的来由才可贵。光顾着高兴不去分析，只表示赞同实际不改，我也不知道拿他怎么办了。

孔子这话未必专指子路，但用在子路身上却特别贴切；子路对于孔子的“法语之言”从来是无条件赞同，对于孔子的“巽与之言”更是欣喜若狂，可惜就是“说而不绎，从而不改”，孔子拿他一点办法没有。

子曰：由之瑟奚为于丘之门？门人不敬子路。子曰：由也升堂矣，未入于室也。（《先进》）

译文：孔子说：子路鼓瑟（的声音如此粗鄙）为什么还要在我门下呢？孔子的弟子们鄙夷子路。孔子说：子路这个人啊，（在我门下学习，其修为）已经小有成就，只是不够精深罢了。

孔子说的当然不是子路鼓瑟艺术水平的高低，说的是子路瑟声传达出的“野”或者“嗲”，表达的是对子路在门下受教至今却顽固不“化”的不满和无奈。诸弟子听到孔子针砭子路的次数实在太多，自然有些瞧不起子路，孔子却于心不忍起来，出言加以回护了。

回护归回护，子路的斤两在心中那是分毫不差的。

季子然问：仲由、冉求可谓大臣与？子曰：吾以子为异之问，曾由与求之问。所谓大臣者：以道事君，不可则止。今由与求也，可谓具臣矣。曰：然则从之者与？子曰：弑父与君，亦不从也。（《先进》）

译文：季子然问：仲由和冉求可以当得起“大臣”二字吗？孔子说：我以为您问的是哪个重要人物，原来问这两个人呵。我们说的“大臣”，指辅佐君主向“道”求“道”，如果办不到就宁可辞职不干的人。至于仲由和冉求，可以说（不过）是能办好差事的人。

季子然又问：（既然能办好君主交办的差事，）那他们会惟君主之命是从吗？孔子说：（以下犯上，如）杀君杀父，那倒是不会从命的。

“政事：冉有，季路”，（《先进》）【译文：有从政才干的有：冉有，季路】孔子门下以从政才干著称的就是这两个人了，可是在孔子看来，“具臣”而已，担不得“大臣”二字，所以不屑之——“吾以子为异之问，曾由与求之问”。

“所谓大臣者：以道事君，不可则止”，冉求只能算是“具臣”——“季氏富于周公，而求也为之聚敛而附益之”，（《先进》）子路也只能算是“具臣”——“君子之仕也，行其义也。道之不行，已知之矣”。（《微子》）

回顾子路与孔子的整个交往历程，不禁让人感慨唏嘘。

子路以有勇力著称，与孔子结缘于一次不打不相识，“子路性鄙，好勇力，志伉直，冠雄鸡，佩豭豚，凌暴孔子”。[1] 却为孔子所折服，拜在门下为弟子。浸淫于孔门数十年虽获益良多，其“性鄙，好勇力，志伉直”却无多少改变，故结局为孔子不幸而言中——“若由也，不得其死然”。（《先进》）【译文：像仲由这样的，恐怕不能终享其寿数】

太史公说，“孔子闻卫乱，曰：嗟乎，由死矣！已而果死。故孔子曰：自吾得由，恶言不闻于耳”。[2] 孔子得到卫国内乱的消息，担心子路在劫难逃了，因为他深知子路的为人。事情果然如此，在这次内乱中，子路与人战而帽缨被砍断，“子路曰：君子死而冠不免。遂结缨而死”。[3] 在得知子路的死讯后，孔子的脑海中不由地浮现出与子路几十年交往中最为刻骨铭心的事情，那就是自子路为门弟子以后，没有人再敢当面侮辱他了……

子路比孔子年少 9 岁，死于公元前 480 年，早于孔子 1 年。另一个死于公元前 480 年的是少于孔子 40 岁的颜回，这给孔子带来了摧肝裂胆之痛。

1　司马迁《史记》（第七册），第 2191 页，中华书局 1982 年。

2　同上，第 2194 页，中华书局 1982 年。

3　同上，第 2193 页，中华书局 1982 年。

子谓颜渊曰：用之则行，舍之则藏，唯我与尔有是夫！子路曰：子行三军，则谁与？子曰：暴虎冯河，死而无悔者，吾不与也。必也临事而惧，好谋而成者也。（《述而》）

译文：孔子对颜回说：用我就努力行道，不用就退而藏之，只有我和你能够做到吧！子路说：您要是带领军队打仗，会带上谁？孔子说：赤手空拳去打虎，不用船只去渡河，死了都不知道怎么死的人，我是不会带的。（我会带的）一定是临大事有戒慎恐惧之心，（然后）善于谋划而解决事情的人。

子路又一次表现出他的小可爱，居然吃小师弟颜回的醋——他年长颜回 31 岁！但是就算子路能“临事而惧，好谋而成”又怎么样？与“用之则行，舍之则藏”还是有天壤之别，他根本就不懂孔子。

其实，不懂孔子是常态，“子谓子贡曰：女与回也孰愈？对曰：赐也何敢望回！回也闻一以知十，赐也闻一知二。子曰：弗如也！吾与女弗如也”。（《公冶长》）【译文：孔子问子贡：你和颜回，谁要优秀些？子贡回答：我怎么敢与颜回比！颜回听到一件事，能推知十件事；我听到一件事，只能推知两件事。孔子说：比不上呵！我同意你自知比不上。】子贡在师门之内夙无争胜之心，是所长也；但是他却把与颜回的差距理解为智商不够，就不得不让孔子大失所望了。

“子曰：回也，其心三月不违仁，其余则日月至焉而已矣。”（《雍也》）【译文：孔子说：颜回这个人，心思能长期聚焦在仁德上，其余的人嘛，对仁德不过偶然地想起罢了。】这才是子贡、子路等与颜回的差距，但是子贡的理解也是有出处的——“举一隅不以三隅反，则不复也”（《述而》），倒让孔子一时语塞，只好说“弗如也！吾与女弗如也”。但是，孔子同意的是：子贡自知比不上颜回，并非同意子贡说的是智商上比不上；反过来，正因为子贡连他与颜回的真正差距在什么地方都不知道，所以真的是“弗如也”。而根据“不愤不启，不悱不发”（《述而》）的原则，孔子懒得点破“弗如也”之究竟了。

“子曰：回也其庶乎，屡空。赐不受命而货殖焉，億则屡中。”（《先进》）【译文：孔子说：颜回（的德性文采）差不多了吧，却命运不济。端木赐不听我的话，经商做买卖，臆测行情却屡试不爽（成了有钱人）。】就他们的个人命运而言，颜回就大大“弗如也”了，这让孔子感慨莫名。

颜渊死，子曰：噫！天丧予！天丧予！（《先进》）

译文：颜回死了，孔子说：噫！老天爷要了我的命！老天爷要了我的命！

颜渊死，子哭之恸，从者曰：子恸矣。曰：有恸乎？非夫人之为恸而谁为！（《先进》）

译文：颜回死了，孔子哭得很伤心，跟着孔子的人说：您太伤心了。孔子说：真的太伤心了吗？我不为这样的人伤心，还为谁伤心呢！

颜回死了，居然是老天爷要了孔子的命！这是怎么一回事？

先从“子哭之恸”说起。“恸”，悲伤以至于忘情之谓也，这在孔子可谓匪夷所思，故身边的人惊诧之——“子恸矣”。

孔子从来主张的是“中和”，“子曰：《关雎》，乐而不淫，哀而不伤”。（《八佾》）【译文：孔子说：《关雎》（的精神特征是：）快乐而不至于过分，悲哀而不至于伤情】在孔子看来，人有感情就应该表达，但是不能为感情所主宰而丧失理智，所以必须有所节制；至于怎么节制，孔子没有说，但是汉代《毛诗序》中的“发乎情，止乎礼义”应该基本符合孔子的意思。

但是，对于高度推崇“孝”的儒家来说，对于父母之死所产生的悲痛之情该不该节制呢？孔子没有说，弟子们的观点则有分歧，“子游曰：丧致乎哀而止”，（《子张》）【译文：子游说：（居父母之）丧，充分表达出悲哀之情就够了】但是“曾子曰：吾闻诸夫子：人未有自致者也，必也亲丧乎”！（《子张》）【译文：曾参说：我听孔子他老人家说过：人通常不会被情感所主宰（而丧失理智），一定是父母死了才会这样啊】

尽管后世儒家并没有把这件事情掰扯清楚，但基本原则是清楚的：“喜怒哀乐之未发谓之中，发而皆中节谓之和。中也者，天下之大本也；和也者，天下之达道也。致中和，天地位焉，万物育焉。”（《礼记・中庸》）【译文：喜怒哀乐各种感情本然在心、还未被激发出来，叫做“中”，被激发出来、其表达都能中规中矩叫做“和”。“中”这个东西，是天下万物的终极根据；“和”这个东西，是天下万物的康庄大道。在天下实现“中和”，天地就能归其位，万物就能得其生。】

“中和”就是原则：在去世的父母与在世的子女之间应该中和，既不能生死两隔而绝情，也不能悲伤过度而伤身；周边的人群与悲痛的丧家应该中和，既不能事不关己、冷漠以对，也不能越俎代庖、过于热心。

但偏偏是“子恸矣”，有违“中和”！而且，即便曾参是对的，那也是为父母去世而“自致”，怎么能为一个弟子去世而悲伤过度，以至于不惜伤身？但是，孔子却应之以“非夫人之为恸而谁为”！这是为什么？

在回答这个问题之前，先把颜回死了的事情说完。

颜渊死，门人欲厚葬之，子曰：不可。门人厚葬之。子曰：回也视予犹父也，予不得视犹子也；非我也，夫二三子也！（《先进》）

译文：颜回死了，师兄弟们打算高规格办丧事，孔子说：不可以。结果还是高规格地办了。孔子说：颜回呵，你对我好像对待父亲一样，我却不能像对待儿子那样对你；（厚葬这件事，）不是我的主意，是你那班师兄弟干的事情呵！

想必师兄弟们经常听到孔子夸赞颜回，所以对颜回有一种莫名的敬意，如刚刚提到的“赐也何敢望回”。颜回死了，想想他生前的贫困，师兄弟们自然会心酸，所以用厚葬给他最后的补偿。孔子却不同意，师兄弟们拒绝了孔子的不同意，颜回得到了厚葬。

孔子为什么不同意厚葬呢？为什么对弟子们的心意视而不见呢？

“回也视予犹父也”，弟子们都记得“子畏于匡，颜渊后。子曰：吾以女为死矣。曰：子在，回何敢死！”（《先进》）【译文：孔子在匡被围困（脱身后），颜回最后回到孔子身边。孔子说：我以为你已经死了。颜回说：您活着，我怎么敢死！】

孔子从卫国去陈国，结果在匡这个地方，被当地人错认作残害过他们的阳货拘禁了起来。五日后解围，诸弟子狼奔豕突而去，逐渐聚拢起来而不见颜回，孔子有了不祥之感，颜回却不以为然：我怎么能让您老无所依？再险再难我也要回到您的身边。现在，颜回死了，孔子怎么能“不得视犹子也”？

此时的孔子在弟子们眼中是那么陌生，所以不惜违拗孔子厚葬了颜回。无奈的孔子只得对死者说话了，他说的是内心最深处的话：你我不是父子，胜似父子；因为不是父子，所以我决定不了你的丧事；因为胜似父子，所以我知道厚葬这件事给你带来了最后的伤害。

孔子以厚葬颜回为“不得视犹子”，弟子们以不愿厚葬颜回为“不得视犹子”，这是怎么了？

颜渊死，颜路请子之车以为之椁。子曰：才不才，亦各言其子也。鲤也死，有棺而无椁；吾不徒行以为之椁，以吾从大夫之后，不可徒行也。（《先进》）

译文：颜回死了，颜路请求孔子卖了马车为颜回买棺材外层的椁。孔子说：有才华也好，没有才华也好，自己的儿子自己心疼。我的儿子鲤死了，也只有棺材而没有外椁；我没有卖掉马车为儿子买外椁，是因为我曾经官列大夫，(按照礼制）出门是不可以步行的。

颜路也是孔子的学生，因为他是颜回的父亲，对颜回的丧事有最后决定权，所以能够否决孔子的意见，厚葬了颜回。

尽管我们能够理解父亲的爱子之切和丧子之痛，但是仍然无法接受颜路的要求——“颜路请子之车以为之椁”。这是恃宠而骄？——因为孔子特别欣赏颜回；还是恃丧而横？——因为人们对丧子之父总是特别同情。反正，比起“哭之恸”的孔子，颜路这个父亲好像只是在扮演父亲的角色。

孔子本来就不主张厚葬，现在面对着颜路的恃宠而骄或者恃丧而横，在“哭之恸”之后又陷入了倍受煎熬的窘境中。只要孔子不接受胁迫，就必须说出过硬的理由；于是，他揭开了内心的伤口：孔鲤早颜回两年而死，当时孔子70岁。既然自己揭开了心灵的伤口，就干脆再撒上一把盐——“才不才，亦各言其子也”——我承认，我的儿子没有你的儿子优秀。

但是，孔子为什么不同意厚葬呢？我们接着说。

季康子问：弟子孰为好学？孔子对曰：有颜回者好学，不幸短命死矣！今也则亡。（《先进》）

译文：季康子问道：（你的）学生中谁最好学？孔子回答说：有一个叫颜回的（可以算是）好学，不幸短命死了。如今再也没有（好学的人）了。

哀公问：弟子孰为好学？孔子对曰：有颜回者好学，不迁怒，不贰过。不幸短命死矣！今也则亡，未闻好学者也。（《雍也》）

译文：鲁哀公问道：（你的）学生中谁最好学？孔子回答说：有一个叫颜回的（可以算是）好学，心情不好时不会迁怒于人，犯过的错误从不犯第二次。不幸短命死了！如今再也没有了，听都没有听到过有好学的人了。

好学，在今天仍然是常用的褒义词，大致指求知欲旺盛而学习认真勤奋。鲁哀公和季康子问题中的“好学”想必也是这个意思，但孔子不是这个意思，他赋予了这个词特殊含义。

在孔门之中，求知欲旺盛者不知凡几，如“子路有闻，未之能行，唯恐有闻”，（《公冶长》）而孔子不以为“好学”；又如“子张问行，子曰：……子张书诸绅”，（《卫灵公》）【译文：子张问人应该如何行事，孔子说：……子张把孔子的话记在腰间的大带上】孔子亦不以为“好学”。

在孔子心中，担得起“好学”二字的只有他自己和颜回，“子曰：十室之邑，必有忠信如丘者焉，不如丘之好学也”。（《公冶长》）【译文：孔子说：就算是只有十户人家的小地方，也一定会有像我一样尽己以忠、行己以信的人，只是不像我这样好学】与“用之则行，舍之则藏”一样，“好学”也是“唯我与尔有是夫”，那么，孔子赋予了这个词怎样的特殊含义？

“好学”当然首先是学习态度的事情，颜回比子路、子张等等也是有过之而无不及。“子曰：语之而不惰者，其回也与！”（《子罕》）【译文：孔子说：听我说话从来不会懈怠的，就是颜回了吧！】这说的是颜回像一个深不可测的蓄水池，贪婪地从孔子那儿汲取源头活水。

“子曰：吾与回言终日，不违如愚。退而省其私，亦足以发；回也，不愚。”（《为政》）【译文：孔子说：我与颜回说一天的话，他都赞同（没有任何不同看法和疑问），好像是个愚钝的人。（但是，）他回去以后能够联系到自己来思考我说的话，就有了自己的心得；颜回这个人呵，不是愚钝的人。】这说的是孔子曾经怀疑过颜回仅仅是个蓄水池，属于“学而不思则罔”（《为政》）的类型，只知道学习却不知道思考，结果就成了一个糊涂蛋；但是，经过认真观察，发现每次见到的颜回都不一样，与“看上去”的样子根本不同，实际上是“吾见其进也，未见其止也”。（《子罕》）【译文：我只看见他在进步，从未看见过他停滞不前。】

求知欲旺盛而学习认真勤奋是“好学”的前置条件，“吾见其进也，未见其止也”才是“好学”的本质；那么，“进”到了什么地方就能算是“好学”了呢？虽然“进”到了这个地方还要继续“进”而不“止”，否则就背弃了“好学”，但是，毕竟需要有一个地方标识着不仅“升堂”、而且“入于室”矣，故可称之为“好学”。

把上面两段引文相对照，答鲁哀公之问比答季康子之问多了“不迁怒，不贰过”六字，正可一窥孔子“好学”之门径。

不迁怒于人，看似其事甚小、其行甚易，其实大不然。所谓人生不如意者十八九，苟存于世尚且如此，何况不愿苟存者！于是，其填积胸腔如悲愤、怨恨、苦闷、委屈、无助、烦躁……不知凡几者块然欲出以求后快，故迁怒于人。却不知迁怒于人者，必然外损于人而内损于己。

一，被迁怒的那个人，必定是一个相对的弱者，没有人能够迁怒于一个相对于自己居于强势地位的人，却总是受挫于居于强势地位的人，甚至直接就是受挫于人际环境或者社会历史环境之“势”，故有“怒”。“迁”者，发泄也，就需要一个特定的对象，或为物或为人；所以，迁怒者，乃欺凌弱小、出主入奴之事也，是谓外损于人。

二，更重要的是，既然人生不如意者十八九是人生之常态，是生命之固有，所以正应当于悲愤、怨恨、苦闷、委屈、无助、烦躁……不知凡几者处叩问求索、慎思明辨而“内得”于生命、“成”其为“人”，此乃守护生命之必然。所以，迁怒于人实在是厌弃生命之所为，人生之十八九已经厌而弃之，即便人生如意者十有一二，亦已索然为空壳，何况没有人能守得住这十之一二，是谓内损于己。

能“不迁怒”，然后能“不贰过”。得者，德也，“内得”于己者，成其“德”矣。于悲愤、怨恨、苦闷、委屈、无助、烦躁……不知凡几者处叩问求索、慎思明辨，而“内得”于生命、“成”其为“人”，于人生之受挫——无论是受挫于居强势地位的人，还是受挫于人际环境或者社会历史环境之“势”——皆能有效应对，故不再有“过”。所以，“不贰过”的实质是于人生和生命之所“得”已达到了恢宏的境界。

贤哉，回也！一箪食，一瓢饮，在陋巷；人不堪其忧，回也不改其乐。贤哉，回也！（《雍也》）

译文：真是个贤者呵，颜回这个人！一筐淡饭，一瓢清水，居住在破旧的屋子里；没人受得了的穷困，他却还是那么快乐。真是个贤者呵，颜回这个人！

这就是颜回于人生和生命之所“得”所达到的恢宏境界，可谓“好学”也矣！

令人悲哀的是，孔子“好学”之深意只是及生而存、与身俱亡。

“子夏曰：日知其所亡，月无忘其所能，可谓好学也已矣”，（《子张》）【译文：每一天都惦记着我还有很多东西要学习，每一月都操习我已经掌握的东西，就可以说好学了吧】如果说这句话还有点孔子“进”而不“止”的意思，但是另一句话就露馅了：“子夏曰：贤贤易色，事父母能竭其力，事君能致其身，与朋友交言而有信。虽曰未学，吾必谓之学矣。”（《学而》）【译文：子夏说：以爱好美德之心来改变爱好美色之心，侍奉父母能尽心竭力，侍奉君主能不惜生命，与朋友交往能言而有信；这样的人，哪怕他从未受过教育，我也认为他受过教育了。】这句话的意思就是“君子质而已矣，何以文为”？

至《孟子》一书，“好学”一词已无踪影。《荀子》和《中庸》中“好学”都仅一见：“端悫顺弟，则可谓善少者矣；加好学逊敏焉，则有钧无上，可以为君子者矣”（《荀子·修身》）【译文：为人端庄、诚实和孝悌，德性之善还远远不够；再加上勤奋好学、为人谦逊和做事敏捷，有平等待人之心而无恃强凌弱之意，就可以算是君子了】和“好学近乎知”（《中庸·第20章》），都接近于求知欲旺盛而学习认真勤奋的意思。

与孔子一样，颜回于人生之所“得”已至“用之则行，舍之则藏”，于生命之所“得”已至“一箪食，一瓢饮，在陋巷；人不堪其忧，回也不改其乐”，其境界之恢宏曰“好学”，虽然未能“博施于民而能济众”——那是“天命”的事情，但于一己可谓毫无亏欠，为什么要厚葬？

子疾病，子路使门人为臣。病间，曰：久矣哉，由之行诈也！无臣而为有臣。吾谁欺？欺天乎！且予与其死于臣之手也，无宁死于二三子之手乎！且予纵不得大葬，予死于道路乎！（《子罕》）

译文：孔子病得很重，子路组织师兄弟们按照诸侯的规制为孔子筹备丧事。过了一段时间，孔子的病好了，（知道了子路的事情，指责子路）说：你怎么老是干这种以假乱真的事情！我不是诸侯，你却按照诸侯之礼筹备丧事，这是在骗谁？欺骗上天吗！再说了，我与其享受着诸侯的规制风光体面地死去，宁肯在你们的手中咽下最后一口气！就算我的丧事做不到风光体面，我还能死在路上得不到安葬吗！

子路希望自己至爱至敬的老师在不懈奋斗了一生以后有一个风光体面的葬礼，孔子却坚持以一个本真的自我走完人生的全部旅途。此生已矣，于一己毫无亏欠，如果在丧事上留下污点，那真的是情何以堪！——此人何以生？又何以死？

颜回此生已然毫无亏欠，坚持以一个本真的自我走完人生的全部旅途，如果其丧事同于“一箪食，一瓢饮，在陋巷”，则“回也不改其乐”。厚葬这件事，和他的一生格格不入，和他这个人格格不入，给他带来了最后的伤害。如果颜回地下有知，他会问自己：此生何以生？此生何以死？

所以，孔子不同意厚葬！

颜渊喟然叹曰：仰之弥高，钻之弥坚；瞻之在前，忽焉在后。夫子循循然善诱人，博我以文，约我以礼。欲罢不能，既竭吾才，如有所立卓尔。虽欲从之，末由也已。

译文：颜渊感慨万千地叹服：孔子他老人家呵，你越是抬头看，就越发觉得他高不可攀，你钻研得越是深，就越发觉得他坚不可摧。他明明走在你的前面，你埋头追赶，可是一回头，却发现自己走过头了。他老人家循循善诱，指导我学习各种历史文献来丰富我的学养，又指导我学习周礼的各种规范和领会其精神实质以建构我的原则。我整个人都燃烧了起来，就算想停止学习都停不下来；我感觉自己的潜能都充分发挥了出来，好像已经有了卓然不群的人格建树。可是当我希望继续以他老人家为榜样而发展自己时，却又不知道该如何着手了。

颜回是真懂孔子的人：此语淋漓尽致地展现出“人”所能达到的高度、深度和厚度。宗旨是一个“仁”字，孔子“为之不厌，诲人不倦”以“仁”，达到了“仰之弥高，钻之弥坚”的境界。在颜回，居然有了这样的饥渴感——虽已竭力追随，却“瞻之在前，忽焉在后”，所以时时唯恐失去目标。也就在“虽欲从之，末由也已”的敬畏中，颜回体验到了一己生命“如有所立卓尔”的勃发。

但是，颜回你不是说过——“子在，回何敢死”？而居然死在了孔子的前面！“子哭之恸”矣……“公无渡河，公竟渡河！堕河而死，将奈公何！”

第六章

有一种诗意盎然的生活就在心的敞开

智慧是人的品格，是人的生命最高成就。智慧的人坚实而飘逸，站立在天空和大地之间——故古人云“形而上者谓之道，形而下者谓之器；化而裁之谓之变，推而行之谓之通，举而措之天下之民谓之事业”；（《周易大传·系辞上》）【译文：没有形状可以为人的感官所感知的，叫做“大道”，具有形状可以为人的感官所感知的，叫做“器物”；器物在大道的作用下永恒变化，能够顺应其变化而为人类所用叫做“变革”，推行变革，让人类生活更加美好叫做“通达”，取变革而通达之举措施行于天下老百姓，叫做“事业”】智慧的生命空灵而圆满、连所经历的苦难都不可或缺——故古人云“上下无常，刚柔相易，不可为典要，唯变所适”。（《周易大传·系辞下》）【译文：忽上忽下，不拘泥于一处，或阳刚或阴柔，永远处在变化之中，不要把任何一种状态奉为绝对的原则，永远顺应自然的变化而作为。】

子之燕居，申申如也，夭夭如也。（《述而》）

译文：孔子在家中闲暇无事的时候，那一派严整自得的样子，那一派轻快舒展的样子。

子所雅言：诗、书、执礼，皆雅言也。（《述而》）

译文：孔子说普通话的场合：读《诗经》、读《尚书》、掌典行礼，说的都是普通话。

子之所慎：齐，战，疾。（《述而》）

译文：孔子谨慎对待的事情有：斋戒、作战、生病。

厩焚。子退朝，曰：伤人乎？不问马。（《乡党》）

译文：孔子家的马厩失火了。孔子退朝回来，说：有人受伤吗？没有问马怎么样了。

子钓而不纲，弋不射宿。（《述而》）

译文：孔子钓鱼，不用大网捕鱼，射鸟，不射归巢的鸟。

子温而厉，威而不猛，恭而安。（《述而》）

译文：孔子温和又严厉，威严却不凶猛，恭敬而安详。

孔子真的难懂，连颜回都说“仰之弥高，钻之弥坚；瞻之在前，忽焉在后”，遑论其余！他总是非常温和，却在温和中透出凛然不可犯的威严；他总是让人感到敬畏，却毫无锋芒；他待人处事总是恭敬有加，却与那些出于恐惧的恭敬——“恭近于礼，远耻辱也”（《学而》）【译文：（就算不懂“礼”的人，只要待人处事）恭敬，就是“礼”的意思了，不至于遭受耻辱】——不同，他的内心平和安详。

孔子无法被归类，他是真正的人，如同真正的诗无法被确解一样。他的生命就像真正的诗那样自然而然展开，他的人生就是一首自然而然展开的宏大史诗。

一

上天对待孔子并不优渥，白发人送黑发人的事情居然一而再、再而三。孔子活了73岁，70岁时孔鲤死，72岁时颜回和子路死。但对于孔子来说，问题并不仅仅在于白发人送黑发人的悲痛。

子曰：凤鸟不至，河不出图，吾已矣夫！（《子罕》）

译文：孔子说：凤凰不再飞来，黄河不再出现图画，我该死了。

凤鸟和河图都是大吉祥的征兆，来自两个古老的传说。凤鸟的出现象征着“圣王”将要出世，传说曾经在大舜时来仪，在周文王时鸣于岐山。河图的出现更加神奇，传说在上古伏羲氏时代，黄河中有龙马负图而出，伏羲据图画出了八卦，是为《周易》之始。

在今天看来，这些东西颇有些神秘性，而太史公的记述更甚：“鲁哀公十四年春，狩大野。叔孙氏车子鉏商获兽，以为不祥。仲尼视之，曰：麟也。取之。曰：河不出图，雒不出书，吾已矣夫！颜渊死，孔子曰：天丧予！及西狩见麟，曰：吾道穷矣！”[1]

这段话又增加了“获麟”、“洛书”二事。麒麟是瑞兽，现身于世本来是吉兆，而为人所获，并且是为一个驾车的凡夫俗子所获，就是凶兆了，而孔子以为他自己是这个凶

1　司马迁《史记》（第六册），第1942页，中华书局1982年。

兆的应验之身。“洛书”的说法有多种，影响较大的是，大禹时，河南洛水中有神龟负文而出，列于背，是为《尚书》中的《洪范》，大禹效法之而治水大成。

先是天兆未祥——“河不出图，雒不出书”，后是人事已尽——“颜渊死……天丧予”，又是天兆不吉——“西狩见麟”，孔子知“吾道穷矣”！于是，“孔子病，子贡请见。孔子方负杖逍遥于门，曰：赐，汝来何其晚也？孔子因叹，歌曰：太山坏乎！梁柱摧乎！哲人萎乎！因以涕下……后七日卒”。[1]

今天我们无法解释那些神秘的东西，但如果简单地归之于古人的迷信也失之于武断，因为在孔子那儿，这些都是真真切切地被体验到的，所以白发人送黑发人的事情也就具有了别样的滋味。

我们不必纠缠在天兆一类的神秘事件究竟是“事实”还是“迷信”的问题上，我们应该追问的是，孔子究竟是如何真真切切地体验到“天”的？以及这种体验又是如何影响着、充实着和支撑着他的人生追求和理想？

子曰：天生德于予，桓魋其如予何！（《述而》）

译文：孔子说：上天给予了我德性，桓魋能拿我怎么样！

这句话的意味是：孔子一生虽修身不懈，但其所“得”、也就是德性却归之于上天。也就是说，孔子体验到某种神秘的力量的存在。

1　司马迁《史记》（第六册），第1944页，中华书局1982年。

我们来看太史公的记述，“孔子去曹适宋，与弟子习礼大树下。宋司马桓魋欲杀孔子，拔其树。孔子去。弟子曰：可以速矣。孔子曰：天生德于予，桓魋其如予何！”[1]

当生命面临危险之际，人的本能和理性都趋向于尽快避离，而孔子却从容而雍容，不是在危险之中“应当”表现出从容，乃是因为有那底气在，自然而然地就有那一种从容，并且因为“自然而然”，从容中就透着一份别样的雍容来。这就非常好地解释了“天生德于予”：如果孔子不是真切体验到他与上天之间存在着某种神秘的关联，就不可能在面临危险之际还有这一份从容和雍容。

子畏于匡。曰：文王既没，文不在兹乎？天之将丧斯文也，后死者不得与于斯文也；天之未丧斯文也，匡人其如予何！（《子罕》）

译文：孔子在匡这个地方被人拘禁。说：自从周文王死了以后，（华夏民族）文明不就在我一身吗？上天如果要灭绝（华夏民族）文明，我也就不可能习得了；上天如果不想灭绝（华夏民族）文明，匡人能拿我怎么样！

这是第一次面临生命危险，刚才说到的“去曹适宋”遇桓魋是第二次，第三次则是本书第一章结束处说的“在陈绝粮”。（《卫灵公》）

这段话点明了“天生德于予”之缘由——上天为什么要赋予孔子特殊的德性呢？是为了华夏文明生生不绝、发扬光大。于是，孔子之生死就不是他一个人的事情，是华

1　司马迁《史记》（第六册），第1921页，中华书局1982年。

夏文明存亡的事情。孔子甚至认为华夏文明必然存续已经是得到验证的事情，这就是他作为周文王之后华夏文明的肉身担当者这一事实，而这一事实只能被理解为是上天的意志。所以，匡人不能拿他怎么样！

结果是匡人没能怎么样，孔子安然脱身。这当然更加强化了孔子的信念：他是上天特选来作为华夏文明的肉身担当者，他的生命不属于他自己。

这不禁让人想到古希腊雅典的苏格拉底，他也自认为是“神所赠的礼物”，他的生命不属于他自己。

苏格拉底在孔子去世后 10 年出生，生活在伯利克里时代的后期、即雅典城邦由极盛而衰落之际，当时的雅典人作为地中海世界的霸主骄横跋扈、不可一世，苏格拉底忧心忡忡，担心雅典文明就要没落了。

为了让雅典人警觉起来，他自称“象马虻粘在马身上，良种马因肥大而懒惰迟钝，需要马虻刺激；我想神把我绊在此邦，也是同此用意，让我到处追随你们，整天不停对你们个个唤醒、劝告、责备”。[1] 于是，苏格拉底成了雅典人的梦魇，他们讨厌这只马虻，成天让人不得安宁。但是，苏格拉底说，“我不能缄默，缄默就是违背神的意旨”。[2]

雅典人把苏格拉底送上了法庭，以“不信神”和“蛊惑青年”两项罪名起诉他。苏格拉底本来有机会可以从这场审判中脱身，可是他偏偏不！

苏格拉底在法庭上放肆直言，挑战雅典人的意志和情

---

1 柏拉图《游叙弗伦 苏格拉底的申辩 克力同》，严群译，第 67 页，商务印书馆 1983 年。

2 同上，第 76 页，商务印书馆 1983 年。

感，他甚至解释了他的挑战："经常降临的神的意旨以往每对我警告，甚至极小的事如不应做，都要阻止我做……可是这次，我清晨离家，到法庭来，发言将要有所诉说，神的朕兆全不反对。可是，在其他场合我说话时，往往中途截断我的话。"[1] 他说，是他的神让他对雅典人的昏聩发出挑战。

结果是雅典人判处苏格拉底死刑，苏格拉底拒绝了弟子们安排好了的逃亡，仰脖饮下了毒酒。

学者们对苏格拉底的"神"感到困惑，至今纠缠在——苏格拉底真的相信他的"神"吗？他在自我辩护时说的是真心话吗？——一类的问题上。因为，"据说，苏格拉底是第一个将哲学从天上召唤下来，并且迫使它对人生和礼俗以及善恶之物进行研究的人"。[2] 这样的人怎么会让"神的朕兆"来决定他的生死呢？

其实，与我们应该追问——孔子究竟是如何真真切切地体验到"天"的？以及这种体验又是如何影响着、充实着和支撑着他的人生追求和理想？——相应，我们应该承认，苏格拉底把他的生命奉献给了雅典人——作为"神所赠的礼物"。

他们的生命都不属于自己，不同的是，孔子作为华夏文明的肉身担当者，他的上天要他活着；苏格拉底作为古希腊文明的肉身担当者，他的神要他死去。无论孔子的上天和苏格拉底的神是否真的存在，他们的信念是真的，他们分别是华夏文明的肉身担当者和古希腊文明的肉身担当

---

1 柏拉图《游叙弗伦 苏格拉底的申辩 克力同》，严群译，第 78 页，商务印书馆 1983 年。

2 列奥·施特劳斯《自然权利与历史》，彭刚译，第 121 页，三联书店 2003 年。

者也是真的。

王孙贾问曰：与其媚于奥，宁媚于灶，何谓也？子曰：不然，获罪于天，无所祷也！（《八佾》）

译文：王孙贾设问于孔子：（常言道，）与其巴结端坐在房屋西南角的主神，宁可巴结（等级低、却管着你肚皮的）灶神，这是什么意思呢？孔子说：不对！如果得罪了上天，不管巴结哪位神都没有用！

本书第三章已经解说过这段文字了，现在要接着说的是，与苏格拉底“我不能缄默，缄默就是违背神的意旨”一样，孔子拒绝了王孙贾的劝诱，他坚信上天的意志不可违背，哪怕被王孙贾看做给脸不要脸的混蛋，哪怕被世人看做读书读傻了的笨蛋。

“获罪于天，无所祷也！”伟哉，大丈夫！铮铮八字，孟子所谓浩然之气者扑面而来，后生小子者，临之无不油然、肃然、凛然而有仰天长啸之志，而思慕太史公“高山仰止，景行行止，虽不能至，然心向往之”[1] 的俯地追随之意。

子疾病，子路请祷。子曰：有诸？子路对曰：有之，诔曰：祷尔于上下神祇。子曰：丘之祷久矣。（《述而》）

译文：孔子病重，子路请求（向神灵）祈祷（平安），孔子说：有这回事吗？子路说：有这回事，诔文中记载着：替你向天上地下各路神灵祈祷。孔子说：我自己早就在祈祷了。

1　司马迁《史记》（第六册），第 1921 页，中华书局 1982 年。

子路是相信鬼神存在的，所以“问事鬼神”（《先进》）于孔子；他也知道孔子对鬼神的态度，所以不敢不告而行，请示孔子能否搞一个祈祷仪式。孔子不置可否，反问子路的根据是什么。子路当然有根据，引经据典以对；孔子话锋一转，说自己早就在祈祷了。结果当然是没有搞祈祷仪式。

但问题是，孔子不是真真切切体验到他与上天之间存在着某种神秘的关联吗？不是把自己作为周文王之后华夏文明的肉身担当者当做事实、并且把这一事实理解为是上天的意志吗？为什么不愿祈祷平安？又为什么说“丘之祷久矣”？

一种顺理成章的解释是，作为上天特选来担当起华夏文明的肉身存在，他的生命不属于他自己，他只能听任上天的安排。反之，为了一己肉身的存在向上天祈祷不仅是对自己所承担使命的亵渎，更是对上天的亵渎——你拿你的使命做筹码和上天讨价还价。

还可以有另一种解释，只是“现代”色彩较为浓厚：上天是孔子为自己的理想和原则建立起来的存在，与他自己是上天特选来担当起华夏文明的肉身存在相应，上天就是华夏文明理想和原则的肉身化存在，也就是说，孔子的上天就是华夏文明理想和原则的代名词，使得本来是看不见、摸不到的理想和原则有了可以感知的感性特征。因为孔子一生都在为华夏文明的理想和原则奋斗，所以说“丘之祷久矣”。

不可能对孔子心目中的上天有个确解，因为孔子本人就不可能有确解，因为，一个肉身的存在是这么有限和卑微，其使命——担当起一个民族文明的承续发展——是那样伟大和艰难，二者之间的巨大张力轻易就能撕裂人的心灵。如果说还有人能够不为这样的张力撕裂心灵，那只能是他不仅理解这种张力的可怕，还能在这种张力中寻找到平衡。

公伯寮愬子路于季孙。子服景伯以告，曰：夫子固有惑志于公伯寮，吾力犹能肆诸市朝。子曰：道之将行也与？命也；道之将废也与？命也；公伯寮其如命何！（《宪问》）

译文：公伯寮在季孙氏面前诋毁子路。子服景伯把这件事告诉了孔子，并且说：季孙氏已经相信了公伯寮的诋毁，(但是，) 我的力量还是能让他暴尸街头以示众。孔子说：我主张的“大道”能实现吗？这是天命；我主张的“大道”不能实现吗？这也是天命；公伯寮能拿天命怎么样！

子服景伯不过是在表达对孔子的善意罢了，他怎么知道孔子的心思？就算他知道孔子的心思，那又关他什么事？孔子与子服景伯讲什么“道之将行也与”、“道之将废也与”，简直是鸡对鸭讲。

但是，首先孔子必须拒绝子服景伯的善意——“吾力犹能肆诸市朝”，同时也不愿他的拒绝让子服景伯下不了台，所以就用这种鸡同鸭讲的法子让子服景伯如坠五里雾中。

其次，更重要的，孔子需要在巨大的张力中找到平衡：我必须接受现实，我主张的“大道”——“复礼”——没有实现，乃“天命”之所在，与“人事”无关；子服景伯的话为他找到这种平衡提供了契机，于是，孔子对自己说出了“道之将行也与？命也；道之将废也与？命也”。

如果你对某种伟大的事业有着坚定信念，并且为之努力奋斗，你就必定会被这种张力——有限而卑微的肉身存在与伟大而艰难的历史使命——所撕裂；解决之道是：尽人事而侍天命！这是孔子留给后人的伟大精神遗产之一。

前面说过，“智慧”不是“知识”，也不是“聪明”或者高智商，在根本上是对人的生命有限性的领悟，并且在此基础上义无反顾地做出某种决断的能力——把自己这个有限的生命实现为什么“东西”。现在可以接着说的是：你怎么才能义无反顾？尽人事而侍天命！

二

前面还说过，是那个叫做智慧的东西把人类生活的辛酸和苦难紧紧地拥抱在怀里，蔚蓝色的希望诞生了，而智慧却因为浸透了辛酸和苦难变成了黑色。那么，现在可以接着问的是：怎样才能想象蔚蓝色与黑色的碰撞？一个时时刻刻生活在这样的碰撞中的人究竟是怎样生活的？

先说孔子的穿衣吃饭。

君子不以绀緅饰，红紫不以为亵服。当暑，袗绨绤，必表而出之。缁衣羔裘，素衣麑裘，黄衣狐裘。亵裘长，短右袂。必有寝衣，长一身有半。狐貉之厚以居。（《乡党》）

译文：孔子（的服装）不用天青色和铁灰色来镶边，家居的衣服不用浅红色和紫色。暑天，穿着葛布的单衣，无论是细葛布还是粗葛布，都要在里面再穿一件内衣。黑色的上衣外套里面一定配黑色羊皮（毛）的裘袍，白色的上衣外套里面一定配白色麑皮（毛）的裘袍，黄色的上衣外套里面一定配黄色狐皮（毛）的裘袍。家居的皮裘做得长一些，但右手的袖子要短一些。睡觉时要有贴身的小被，长度合本人身长的一倍半。坐垫用的是狐貉的皮毛。

“不以绀緅饰”是因为这两种颜色与黑色相近，而黑色是周代礼服的颜色；“红紫不以为亵服”是因为朱色、即大红色被当做是高贵的颜色。在那个礼崩乐坏的时代，孔子非常讨厌种种鱼目混珠的事情，对颜色更有着特别的敏感，“恶紫之夺朱也”；（《阳货》）【译文：（我）憎恶紫色取代了朱色的高贵地位】黑色和红色是“正色”，孔子认为不可以用做其他颜色的配角，也不可以用在家居随意的场合；连带着与黑色、红色接近的颜色也不可以。

夏天暑热，葛布因其清凉为人所喜，但是孔子一定要贴身再穿一件内衣，以免在活动中露出体肤。

冬天寒冷，皮裘是御寒佳物，当时的皮裘是毛面朝外、皮面朝里的，就需要在皮裘之外再罩上一件外套，孔子必定要外套与皮裘的颜色相同或相似。

皮裘厚重，穿着行动多有不便，出门在外是无可奈何了，但是日常家居就不必那么拘谨，孔子就不仅为了更加保暖增加了长度，还为了便于做事，居然把右边的袖子减去了一截。

看来，孔子穿衣有一个规律：涉及大是大非的场合以庄重为原则，否则就以舒适为要；但似乎有点我行我素——想到孔子在家里穿着一件长可及地，却一个袖子长、一个袖子短的厚重裘袍的形象，就让人忍俊不禁。

孔子衣着有很高的品味，“缁衣羔裘，素衣麑裘，黄衣狐裘”——不仅在色彩上不会有冲突，而且同色却不同质地的内外搭配就因其低调的层次感而给人丰富而厚重的视觉效应。

当然，孔子既讲究高品位，也主张节俭，故“非帷裳，必杀之”。（《乡党》）【译文：不是正式服装的裙裳，一定要裁去一些布料】

当时的男子下身穿的“裳”是裙不是裤，而正式场合的裙是用整幅布料做的，叫做“帷裳”。由于不加裁剪，“帷裳”穿在身上就有了层层摺叠；也许当时人觉得这些摺叠很气派、很讲究，但显然造成了布料的浪费。“帷裳”当然是碰不得的，孔子就在“非帷裳”上动脑筋，一定要裁去一些布料——又让人忍俊不禁了：孔子不是裁缝，他会怎么裁剪布料呢？他做成的裙裳不会龇牙咧嘴吧，不会在别人看来是不堪入目吧？无论如何，孔子在指导他家女人下剪子的时候一定愁眉紧锁。

食不厌精，脍不厌细。食饐而餲，鱼馁而肉败，不食；色恶，不食；臭恶，不食；失饪，不食；不时，不食；割不正，不食；不得其酱，不食。肉虽多，不使胜食气。惟酒无量，不及乱。沽酒市脯不食；不撤姜食；不多食。（《乡党》）

译文：粮食是舂得越精越好，肉丝是切得越细越好。

粮食发霉变味，鱼肉腐败变质，不吃；烹调好的食物外观难看，不吃；烹调好的食物气味难闻，不吃；烹调水平不高，不吃；不是当时令的食物，不吃；厨子的刀工不好，不吃；酱料与食物不相配，不吃。

就算有很多肉食，吃的量不超过主食。

只有喝酒是不限量的，但从未醉过。

外面买来的酒肉不吃；饭桌上一定要有生姜；（再好吃的食物也）不多吃。

孔子总共有“八不食”，可分为两类：健康与美食。

孔子一贯重视健康和养生，“疾”为“子之所慎”（《述而》）之一，以至于“康子馈药，拜而受之，曰：丘未达，不敢尝”。（《乡党》）【译文：季康子给孔子送药，孔子在拜谢后接受了下来，说：我对这药的药性不太了解，不敢试服】在日常饮食中更是总结出了必须遵守的若干禁忌，包括“食饐而餲，鱼馁而肉败，不食”、“不时，不食”、“肉虽多，不使胜食气”和“沽酒市脯不食；不撤姜食；不多食”等。

其他种种“不食”，与健康无关，而是一个美食家的品位了。今人以“色香味形”四字来界定美食，其发端在孔子则无疑：“色恶，不食”，色也；“臭恶，不食”，香也；“失饪，不食”、“不得其酱，不食”，味也；“割不正，不食”，形也。

孔子于穿衣既讲究高品位，也主张节俭，于吃饭也既极富仪式感，却不失童真之趣。

仪式感是饮食文化的集中体现，既是对美食之“美”的形式要求，也是对美食之“食”的内在尊重。就形式要求而言，人的各种感觉器官是相通的，每一种官觉都影响着其他官觉，故视觉上的好看（包括颜色和形状）与嗅觉上的好闻都能强化舌尖上的好吃。就内在尊重而言，食材来自于大自然，是上天的馈赠，所以应该在大快朵颐之时应该具有、并且表达出对大自然的尊重和对上天的感恩。仪式感就不仅是味蕾感觉的唤醒，也是感恩之情的表达。

孔子是一个极富仪式感的人，“食不语，寝不言”，（《乡党》）【译文：吃饭的时候不交谈，睡觉的时候不说话】“席不正，不坐”，（《乡党》）【译文：坐席摆的位置不符合礼制，不坐】“寝不尸，居不容”。（《乡党》）【译文：睡觉不直挺挺地躺着，平时在家坐着不同于与人交际的正式场合】就吃饭而言，“食不语”不仅是感恩上天馈赠的表达，也是集中注意力、让味蕾不受干扰的需要。

一般说来，儒家给人的感觉是恭敬而失之于刻板、严谨而失之于拘泥，如孔子之“食不语，寝不言”等等，但如我们已经知道的，孔子并不刻板和拘泥。

有盛馔，必变色而作。（《乡党》）

译文：遇到丰盛的菜肴，总是神色改容，（不觉中）站了起来。

这太像一个孩子了！只有孩子见到好吃的才会怦然心动而不觉中手舞足蹈起来。有那么多好吃的！孔子一见到就会怦然心动、“变色而作”；于美食，孔子可谓是情有独钟！

在这个地方，必须要提及历史上的一桩公案了，这就是宋明理学的“存天理、灭人欲”。

就常识而言，只有死人才没有了人欲，活人既然必定要穿衣吃饭，就必定有穿衣吃饭的人欲。所以，就连朱熹的弟子也对“灭人欲”感到不解，求教于朱熹，朱熹居然回答道，“饮食者，天理也；要求美味，人欲也”。[1]

此话乍看上去全无病痛，可是一点也经不起推敲：莫非

1 《朱子语类》卷十三，第224页，中华书局1986年。

朱熹自己在饮食方面要求的反而是恶味？或者是无论美味和恶味都无所谓？但无论如何，都是对孔子的侮辱！

孔子是真正的美食家，是中华美食文化的开创者，朱熹居然说“要求美味，人欲也”！吊诡之极的是，在宋明理学，《论语》位列《四书》，是每个学子反复精读的书，却能从“食不厌精，脍不厌细”之种种中读出“存天理、灭人欲”来，真是太了不起了。

“理也者，情之不爽失也，未有情不得而理得者也”，[1]把“天理”与“人欲”极端对立起来是发高烧时才说得出的胡话，但匪夷所思之处不仅在于理学家说这胡话时没发高烧，更在于他们一边把自己的老祖宗“一直抬到吓人的高度”，[2]一边把自己的老祖宗贬入人欲滔滔者之流，居然浑然不觉！他们是怎么做到的？他们是怎么做到的！

说过了穿衣吃饭，再来说弹琴唱歌。

子在齐闻《韶》，三月不知肉味。曰：不图为乐之至于斯也！（《述而》）

译文：孔子在齐国时听到了《韶》乐，三个月都吃不出肉的味道。说：真是想不到（欣赏《韶》乐的）快乐竟然可以是这样的。

《韶》相传是大舜的乐——此“乐”不同于今天的“音乐”。主要是：一，只有君主才有资格“作乐”，以摹写其文治武功，如传说中的黄帝有《咸池》、尧有《大章》、大舜有

1　戴震《孟子字义疏证》，第1页，中华书局1982年。
2　《鲁迅全集》（第6卷），第327页，人民文学出版社2005年。

《韶》、大禹有《夏》、商汤有《濩》和周武王有《武》；二，“乐”是诗舞乐三位一体的，也就是有歌词、有乐谱、有伴舞，所以也可称为“韶舞”（《卫灵公》）。流传下来的《诗经》本来是“乐”的歌词，仰赖孔子的整理作为儒家六经之一保存了下来，而同样作为儒家六经之一的《乐经》、也就是乐谱则没有保留下来。

《韶》被孔子推崇备至，“子谓韶：尽美矣，又尽善也；谓武：尽美矣，未尽善也”。（《八佾》）【译文：孔子评论《韶》：美极了，也好极了；评论《武》：美极了，只是还不够好】

前面说过，人的各种感觉器官是相通的，每一种官觉都影响着其他官觉；进而，人的精神状态与各种官觉也是互相影响的，既能强化、也能抑制等等。但是，欣赏乐带来的精神愉悦居然如此强烈而持久，以至于抑制味觉，使得顶级美食家的孔子连续三个月吃肉无味，就太匪夷所思了。但这是事实！

子与人歌而善，必使反之，而后和之。（《述而》）

译文：孔子与别人在一起唱歌，（别人）唱得好就一定请他再唱一遍，然后还要自己唱着和声再唱一遍。

据说中国人以含蓄著称，与世界其他民族的人相比，不善于，或不敢或不屑表达感情；又据说儒家以矜持著称，与人交往时面子要撑足、架子要摆足；这些都可谓言之有据。

但是，作为最典型的中国人、儒家的开山祖师孔子却并非如此。他经常与人在一起唱歌，就像“有盛馔，必变色而作”一样，有妙音，必“反”而再“和”！若矜持，则何来其“反”？若含蓄，则何来其“和”？

今人所谓乐迷、所谓音乐发烧友者，远不足以形容孔子，其于美妙歌声之流连而忘返、沉醉而不醒，“乐痴”一词或可当之。其“闻《韶》”而“三月不知肉味”，不亦宜乎！

其实，“三月不知肉味”者，乃于《韶》中听到了“大道”，知必有现身中华大地之日而确当不移！

“桓子野每闻清歌，辄唤：奈何！谢公闻之曰：子野可谓一往有深情。”[1] 所谓乐家者皆如此，否则不过“乐手”而已。中国从来是一个“诗”的国度，中国人从来是一个“乐”的民族，诗人辈出、乐家辈出。

子曰：师挚之始，关雎之乱，洋洋乎！盈耳哉。（《泰伯》）

译文：孔子说：当太师挚开始演奏的时候，当结束前演奏到《关雎》乐章的时候，盛大呵辉煌！耳朵里全是的。

马克思说的好，“只有音乐才能激起人的音乐感；对于不辨音律的耳朵说来，最美的音乐也毫无意义，音乐对他说来不是对象”，[2] 对于孔子这样伟大的乐家——孔子创作过古琴曲“陬操”[3] ——来说，听着一流演奏家演奏一流音乐作品，他的耳朵与他的心灵已经完全合二为一了，他的肉身

1　刘义庆《世说新语》，余嘉锡笺疏《世说新语笺疏》，第654页，中华书局2011年。

2　马克思《1844年经济学-哲学手稿》，刘丕坤译，第79页，人民出版社1979年。

3　司马迁《史记》（第六册），第1926页，中华书局1982年。

与他的精神已经完全融为一体了。这就是孟子说的“上下与天地同流”，（《孟子·尽心上》）【译文：上与天同运行，下与地同流转】这就是庄子说的“天地与我并生，而万物与我为一”。（《庄子·齐物论》）【译文：天地与我相伴而生，万物与我融为一体】

伟大的乐家之所以伟大，在于他心中有“道”、心中有“仁”而“人”，故能于乐中得“道”而得“人”。

太史公记述了孔子学琴的一个故事，“孔子学鼓琴师襄子，十日不进。师襄子曰：可以益矣。孔子曰：已习其曲矣，未得其数也。有间，曰：已习其数，可以益矣。孔子曰：丘未得其志也。有间，曰：已习其志，可以益矣。孔子曰：丘未得为人也。有间，有所穆然深思焉，有所怡然高望而远志焉，曰：丘得其为人，黯然而黑，几然而长，眼如望羊，如王四国，非文王谁能为此也！师襄子辟席再拜，曰：师盖云《文王操》也”。[1]

孔子向师襄子学习演奏古琴，一首曲子学了十天，不肯学新的乐曲。师襄子说：“可以学新曲子了。”孔子说：“我已经熟习（学了十天的）乐曲了，但还没有熟练掌握弹琴的技法。”过了些时候，师襄子说：“你已熟习弹琴的技法了，可以学新曲子了。”孔子说：“我还没有领会乐曲的意蕴。”过了些时候，师襄子说：“你已领会乐曲的意蕴了，可以学新曲子了。”孔子说：“我还没有领会到作曲者是怎样的一个人。”

过了些时候，孔子肃穆沉静好像在深思着什么，心旷神怡又好像登高远望而志在天下的样子，说：“我领会到作

1　司马迁《史记》（第六册），第 1925 页，中华书局 1982 年。

曲者是个什么样的人了，他的肤色黝黑，身材高大，眼睛如同望羊（译注：此词不知何意），好像一个统治四方诸侯的王者，除了周文王还有谁能够如此呢!”师襄子恭敬地离开座位给孔子拜了两拜，说：“我老师说过，这是《文王操》呵。”

通旋律、娴技法、悟意蕴而知为人，何必琴曲，所谓音乐者精髓尽在此乎！而中西不二，而万古不易！“是故情深而文明，气盛而化神，和顺积中，而英华发外：唯乐不可以为伪”。（《礼记·乐记》）【译文：（对于音乐来说，）情感真挚才能文采斐然，气势充沛才能感人肺腑，心中集聚着平和安宁，创作才华才能尽情展现：只有音乐不可能弄虚作假。】

子语鲁大师乐，曰：乐其可知也：始作，翕如也；从之，纯如也，皦如也，绎如也，以成。（《八佾》）

译文：孔子曾对鲁国的乐官太师说：音乐是可以认知的：刚开始演奏的时候，讲究协调和顺；接下来，讲究音色纯净、旋律清晰，保持下去，直到整首乐曲演奏完成。

“学而不思则罔，思而不学则殆”，（《为政》）孔子于乐所思者深而所得者精，他讲的是各种乐器交织在一起的声音。

乐是三位一体的，有歌队、舞队和乐队而以乐队为中心；乐队不“和”，则歌者不稳、舞者不协。所以，奏乐之始，要求整个乐队（在没有如同今天的专职指挥条件下）迅速协调各种乐器的演奏，使得旋律和顺地展开。接下来的要求是，任何一种乐器都不能凌驾在整个乐队之上，它们必须相互配合、相互支撑，各种乐器的声音交织而为

"一"，或者说各种音色交融而成的声音就像是一种乐器发出的单纯声音，是谓音色纯净。然后是旋律清晰：音色纯净如"一"，是旋律清晰的基础；但问题是，随着旋律的展开，演奏者如果对乐曲的理解存在较大差异，则不能保持音色纯净如"一"，旋律就模糊了起来。反之，如果演奏者都能通旋律、娴技法、悟意蕴而知为人，则"纯如"而能"皦如"矣，以至于"绎如也，以成"。

伟大的乐家心中有"道"、心中有"仁"而有"人"，其歌咏其鼓琴无非在"人"，故能于乐中得"道"而得"仁"。那"始作，翕如也；从之，纯如也，皦如也，绎如也，以成"的乐，不就是"博施于民而能济众"的政治理想吗！

师冕见，及阶，子曰：阶也。及席，子曰：席也。皆坐，子告之曰：某在斯，某在斯。师冕出。子张问曰：与师言之道与？子曰：然，固相师之道也。（《卫灵公》）

译文：师冕来见孔子，（孔子出迎，）走到台阶时，孔子说：这是台阶。走到坐席时，孔子说：这是坐席。大家都坐定以后，孔子告诉师冕说：这里是某人，那里是某人。师冕告别后，子张问道：（您刚才的做法）是与盲人说话的方式吗？孔子说：是的，这就是帮助盲人的原则。

当时的乐师通常是盲人，社会地位也很低，按照周礼的规制，孔子在家接见乐师时起身出迎与季氏"八佾舞于庭"同样是出格之举。

孔子把自己当做盲人的外眼，要上台阶了，可以坐下了，都出语相告。知道盲人的听觉非常灵敏，就把在座宾客的名字一一通报，此时的宾客自然会发声致礼，盲人也就闻其声而知其人了。

子张看到了孔子的用心却不明其中的深意，所以孔子纠正了他的提问方式：这不仅仅是与盲人说话的方式，而是正常人与盲人相交往应当恪守的原则。

子见齐衰者、冕衣裳者与瞽者，见之，虽少必作；过之，必趋。（《子罕》）

译文：孔子见到穿丧服的人、穿戴着正式礼帽礼服的人和盲人，如果正式相见，哪怕对方是一个青年人，也一定会站起来；如果路途相遇，一定快走几步。

长者与少者会面叫做接见，无论古今，长者无需站起来接见少者；但是，孔子对三种人破格相待：正在服丧的人、正在为家国事业奔波的人（所以他们穿戴着正式的礼帽礼服）和盲人。

低着头小步快走曰“趋”，地位在下者以此来表达对地位在上者的敬意，如“尝独立，鲤趋而过庭”，（《季氏》）【译文：孔子一个人站在厅堂前，孔鲤低头快步走过】孔子在路途中遇到以上三种人，也破格相待以“趋”。

对“齐衰者”的破格相待是表达对逝去生命的尊重，以呼应丧家的悲痛；对“冕衣裳者”的破格相待是表达对家国事业的尊重，以呼应奔波的辛劳；对“瞽者”的破格相待是表达对残疾者的特别尊重，无论一个人的生命存在怎样的缺陷，都同样具有人的尊严，并且应当得到社会更多的帮助。

那么，怎样才算是尊重？应该怎样来表达我们的尊重？

见齐衰者，虽狎，必变；见冕者与瞽者，虽亵，必以貌。（《乡党》）

译文：（孔子）见到穿丧服的人，哪怕是关系很亲密的人，也神色凝重；见到戴着礼帽的人和盲人，哪怕是熟人，也礼貌有加。

用拉开距离来表达我们的尊重！就算是亲密无间的朋友，也要通过拉开距离才能表达出：我理解你的悲痛，我看见你的辛劳，我知道（残疾带给）你的伤痛！

朋友死，无所归，曰：于我殡。朋友之馈，虽车马，非祭肉，不拜。（《乡党》）

译文：有朋友死了，如果没有人收敛，孔子就说：丧葬的事情我负责。朋友送的礼物，即使是贵重如车马，不是祭肉，是不作揖答谢的。

生命是必须尊重的。为了尊重，有时需要拉开距离，有时需要拉近距离——不能让朋友暴尸街头，那就承担起亲人的责任，让他入土为安。

同理，朋友赠送来祭肉，那是他供奉给祖先的敬意，也是得到了他祖先祝福的寄托，所以必须作揖答谢；否则，就算贵重如车马，也就是车马而已。

同理，“问人于他邦，再拜而送之”。（《乡党》）【译文：托人给身在外邦的朋友问候致礼，要向受托者拜揖两次来送行】如果不是朋友，托人向其问候致礼，拜揖一次就行了；如果是朋友，那就要拜揖两次，因为他是我生命中的伙伴。

乡人饮酒，杖者出，斯出矣。乡人傩，朝服而立于阼阶。（《乡党》）

译文：与本地人在一起行乡酒礼（结束），要等到老年人都出门了，孔子才出去。本地人举行傩祭，孔子穿着上朝的服装站在东边的台阶上。

生命是必须尊重的。与乡里乡亲在一起聚会行乡酒礼，尽管孔子曾经做过大官，尽管孔子的德性为世人推崇，但还是礼敬老年人，因为他们的生命经历了更多。

孔子主张的是“务民之义，敬鬼神而远之”，（《雍也》）【译文：专心一志地想着老百姓的事情，对于鬼神之事，心存敬意而保持距离】但是，普通老百姓却是“敬鬼神而亲之”。所谓傩，源自上古原始宗教，是以法术来迎神驱鬼的活动。孔子对于傩，本应敬而远之，却非常隆重地穿着朝服、站在主人应该站的东边台阶上“观礼”，这是因为“敬鬼神而亲之”乃“民之义”，故“观礼”以“务”之。尽管孔子并不赞同迎神驱鬼的法术，但还是礼敬“乡人傩”，因为他们的生活需要“敬鬼神而亲之”。

子食于有丧者之侧，未尝饱也。于是日哭，则不歌。（《述而》）

译文：只要有还在为亲人服丧的人与孔子同席用餐，孔子从未吃饱过。只要孔子哭过，那一天就不再唱歌。

生命是必须尊重的，生命也是非常美好的，所以作为乐痴的孔子喜欢唱歌，但如果那一天哭过，就不唱了。

于是，我们知道了：孔子几乎每天都要引吭高歌！——

呵，您为何那么快乐？孔子居然会哭泣！——呵，您为何这么悲伤？

三

行文至此，该为孔子的一生做一个总结了。虽然没有人有资格为他的一生做总结，更重要的是，孔子的一生朝向未来敞开着，他的生命早已融入中华民族的历史生活而生生不息，不可能去做总结；但是，这本小书需要结束，就不得不有一个姑妄言之的总结。

子曰：饭疏食饮水，曲肱而枕之，乐亦在其中矣。不义而富且贵，于我如浮云。（《述而》）

译文：孔子说：吃的是粗粮，喝的是凉水，弯起胳膊当枕头，其中照样有快乐。不合道义得来的财富和权力，在我看来不过是天边飘荡的浮云。

老话说，男人就应该吃得起苦、享得起福，其语虽浅俚，其意颇在理。孔子衣食之精致、品味之优雅可以算享得起福之最；至于历经大难而不死、愈挫愈勇而无伤，可以算吃得起苦之最；却还能苦中有乐，真可谓奇男子、伟丈夫！

宋儒拈出“孔颜之乐”一语命名奇男子、伟丈夫，极好！然而，又以天理人欲云云来解释“孔颜之乐”，则大谬！孔子地下有知，一定会悲从中来：以天理人欲而干富贵，陷我于不义。

那么，孔颜之乐应该怎样来理解？

叶公问孔子于子路，子路不对。子曰：女奚不曰，其为人也，发愤忘食，乐以忘忧，不知老之将至云尔。（《述而》）

译文：叶公向子路打听孔子的为人，子路没有回答。孔子说：你为什么不这样说：他这个人呵，用起功来就忘了吃饭，快乐起来就忘了担忧，连自己就要老了都不知道，如此尔尔。

孔颜之乐，唯“富有之谓大业，日新之谓盛德”（《周易大传·系辞上》）一语可以当之。

此“富有”不是财物，是个体生命的丰富性和充实性，让个体生命尽可能地自由发展，此乃人生之大业。此“盛德”不是狭义的道德完善，是个体生命自“得”于天地大道之充盈，每天都有新的收获。

建大业而新盛德，这种快乐内在于生命自身而无假外求，“般乐饮酒，驱骋田猎，后车千乘”（《孟子·尽心下》）【译文：彻夜狂欢的酒宴，纵横驰骋的猎队，一千辆马车随从的排场】不能增之分毫，“饭疏食饮水，曲肱而枕之”不能减之分毫，因为这种快乐基于“好学”而与“忧”并生、偕“愤”而成。

“发愤忘食”之“愤”，就是“不愤不启”（《述而》）之“愤”，思有所得而未通之谓也；“发愤”就是在思有所得而未通之际不肯放弃、强求其通，以至于“忘食”。“乐以忘忧”之“忧”，是“君子忧道不忧贫”（《卫灵公》）【译文：君子忧虑的是怎样在天下实现“大道”，不忧虑怎样脱贫】之“忧”，念兹在兹而未得之谓也；“忘忧”就是在念兹在兹而未得之际不懈精进、浑然忘我，此所谓“乐”。

唯因“好学”，所以孔子总是那么快乐、又总是那么悲伤。

子曰：吾十有五而志于学，三十而立，四十而不惑，五十而知天命，六十而耳顺，七十而从心所欲不踰矩。（《为政》）

译文：孔子说：我十五岁立志终生向学，三十岁立身于天地之间，四十岁能内外不惑，五十岁知天命所在，六十岁就什么话都不觉逆耳，七十岁则随心所欲皆中规中矩。

孔子对自己一生的总结，以“好学”为纲。

其人十五岁立志终生向学：至三十岁学有所成——能立身于天地之间矣；继之，至四十岁能内外不惑矣——内不惑于己：知轻重而取舍分明，外不惑于人：知善恶而进退自如；继之，五十岁知天命之所在；继之，六十岁则什么话都不觉逆耳；继之，七十岁随心所欲、任性而为皆中规中矩。

后面三句话需要仔细斟酌。“五十而知天命”者何以知？“六十而耳顺”者何为说？“七十而从心所欲不踰矩”者何所得（德）？

“五十而知天命”者何以知？根据《史记》，孔子五十岁入仕为中都宰，五十二岁摄相事参与齐鲁夹谷之会，至五十六岁“由大司寇行摄相事”，诛少正卯，鲁国初治，当为孔子一生功业的顶峰。旋因齐国所间，为定公不致膰于大夫而去职，此后困于匡、厄于陈蔡等等，如同无可奈何花落去，其际遇之惨淡凄凉已无“功业”可言。[1] 故“五

1　司马迁《史记》（第六册），第 1914 页及以后，中华书局 1982 年。

十”云云，是一个约数，孔子以去鲁为标志而知“周礼”已确然不可复，曰“知天命”。

“六十而耳顺”者何为说？孔子一生浸透了难以言说的悲凉，“知我者，其天乎”！（《宪问》）【译文：知道我是一个怎样的人，只有“天”了】各种各样的误解曲解、匪夷所思的中伤毁谤如家常便饭，从耳朵直直地扎进心头，其填积胸腔如悲愤、怨恨、苦闷、委屈、无助、烦躁……不知凡几者块然欲出矣！而孔子以“不迁怒，不贰过”自持自律，至六十岁而无逆耳之言。究其实情，不是误解曲解不生、中伤毁谤不再，而是仁心至广如天无不覆、仁德至厚如地无不载，知人生如蜉蝣寄于天地，误解曲解、中伤毁谤种种何足道哉？“耳顺”云云，大爱无疆之表征也！

“七十而从心所欲不逾矩”者何所得（德）？这里的“矩”，指周礼的规制；“不逾矩”，就是教导颜回的“非礼勿视，非礼勿听，非礼勿言，非礼勿动”，（《颜渊》）孔子“学”至七十岁，终于把周礼的规制内化在心灵之中，而随心所欲、任性而为无非遵道循礼。这就是自由，心灵的自由！

没有人要求孔子“克己复礼”，孔子自己要“克己复礼”，尽管他决定不了社会政治中的“复礼”，但是个人德性的“复礼”则完全取决于他的意志。孔子做出了这个决定，为自己立下了一个规矩、一条法则、一种理想，终身恪守不二“以成”。两千多年以后的德国哲学家康德把自己为自己确立行为准则、并且把这一行为准则当做客观世界的道德法则去恪守称作“自律”。

“意志自律是一切道德法则以及合乎这些法则的职责的独一无二的原则；……纯粹的并且本身实践的理性的自己

立法，则是积极意义上的自由。道德法则无非表达了纯粹实践理性的自律，亦即自由的自律”。[1] 这句话的大意是：人应当就是自己行为的立法者，因为人是自由的。

康德认为，人不仅是一个感性存在者，而且是一个理性存在者。作为理性存在者，他可以超越感性世界，不受感性欲望和自然因果律的支配，按照理性规定的法则去行为。由此，意志就是“自律”的。所谓自律，指人所遵循的道德原则是作为理性存在者的人为自己颁布的，不是外在力量使然，比如为外在权威或感性欲望所决定。在康德哲学中，真正配享道德美名的只有自律，因为唯有自律才体现出人的自由本质。

倘有一语可尽孔子一生，其唯“好学”乎？自十五岁立志以自律，至七十岁得享心灵自由，而种种情状可知者如下：

——为学的目标：“子曰：朝闻道，夕死可矣。”（《里仁》）【译文：孔子说：（只要）早晨知道了“道”（是什么），让我黄昏时死去都行。】

——为学的宗旨：“子曰：人能弘道，非道弘人。”（《卫灵公》）【译文：孔子说：“大道”所在，有赖于人身体力行去弘扬；“大道”不是自在之物，不可能无需人之劳作，就能使人享有做人的尊严。】

——为学的方略：“子曰：君子道者三，我无能焉：仁者不忧，知者不惑，勇者不惧。子贡曰：夫子自道也。”（《宪问》）【译文：君子有三种美德，我尚未具备：“仁者”没有忧虑，“智者”不会困惑，“勇者”无所畏惧。子贡说：这正

1　康德《实践理性批判》，韩水法译，第 34－35 页，商务印书馆 1999 年。

是他老人家对自己的描述。】

——为学的对象："卫公孙朝问于子贡曰：仲尼焉学？子贡曰：文武之道，未坠于地，在人。贤者识其大者，不贤者识其小者，莫不有文武之道焉。夫子焉不学！而亦何常师之有？"（《子张》）【译文：卫国的公孙朝问子贡：孔子的老师是谁？子贡说：周文王周武王所奉行的大道，（现在虽然为各国统治者抛弃，但是）并没有失传，散落在人间。贤明的人能识别其主干，不够贤明的人也能看到其枝叶，没有人心中没有留存着一些文王武王的大道。他老人家哪里不能学到文王武王的大道！何必一定要一个固定的老师呢？】

——学而知立身之道："子曰：君子之于天下也，无适也，无莫也，义之与比。"（《里仁》）【译文：君子立身于天地之间，没有什么是一定要做的，也没有什么是一定不能做的，跟着道义走就是了。】

——学而知存身之要："子在川上曰：逝者如斯夫，不舍昼夜。"（《子罕》）【译文：孔子在河岸上说：那流逝的时光就像这河水，日日夜夜不停地流呵。】

子绝四：毋意，毋必，毋固，毋我。（《子罕》）

译文：孔子于四种毛病是完全没有的：没有主观臆测干扰客观判断的毛病，没有绝对肯定或否定什么的毛病，没有拘泥固执的毛病，没有面子至上的毛病。

"孟子曰：人之患在好为人师"，（《孟子·离娄上》）【译文：孟子说：人的（常见）毛病在于喜欢硬充别人的老师】其原因在于人有自我肯定的心理需要，常人只能在人与人的交往中获得这种需要的满足，自居“为人师”以“证明”不仅高人一等、而且示对方以“关怀”，以期他日获得回报。正是基于这种自我肯定的心理需要，常人于人于事就容易“主题先行”，很难看见事情的真相，也很难做出客观的判断。刚刚讨论过的宋明理学家把自己的老祖宗贬入人欲滔滔者之流、且浑然不觉就是一个典型的例证。

有了“主题先行”之“意”，后面的“必”、“固”、“我”就顺理成章了；朱熹对这句话的解释很是确当、颇堪玩味，云“绝，无之尽者。……意，私意也；必，期必也；固，执滞也；我，私己也。四者相为终始：起于意，遂于必，留于固，而成于我也”。[1]

孔子已然绝无私意，故其意所生，能不必“是”其意，其意皆随物宛转，曲“得”其妙，且虽“得”其妙而不以为“得”，故所“得”者不至于反成滞碍，而“大略如行云流水，初无定质，但常行于所当行，常止于不可不止，文理自然，姿态横生”，[2] 一言以蔽之，曰“无我”。

孔子一生以“好学”为纲，至“七十而从心所欲不踰矩”成就了自由人格。但这似乎不过是“自了汉”而已，关键在于，他为中华民族做了些什么？前面说过，在孔子看来，天下的老百姓能过上好日子才是最重要的，中华民族的生存和发展才是最重要的，“修己”不是目的，“博施于民而能济众”才是目的；那么，孔子于“博施于民而能济众”做了些什么？

在人的世界中，存在着有“博施于民而能济众”的赫

1　朱熹《四书章句集注》，第105页，中华书局2011年。

2　苏轼《答谢民师书》，转引自北京大学哲学系美学教研室编《中国美学史资料选编》（下册），第35页，中华书局1981年。

赫功业却谈不上成就了自由人格的人——如“德之不修，学之不讲”（《述而》）却能“一匡天下，民到于今受其赐”（《宪问》）的管仲，却不可能有成就了自由人格却于“博施于民而能济众”缺乏伟大建树的人。我们就来谈谈孔子为中华民族所建树的赫赫功业。

首先是修《五经》而作《春秋》。

子曰：吾自卫反鲁，然后乐正，雅颂各得其所。（《子罕》）

译文：孔子说：我从卫国回到鲁国之后，把《乐》整理了出来，《雅》归《雅》、《颂》归《颂》，各自回到了它们应该在的位置上。

太史公的记述是，“古者诗三千余篇，及至孔子，去其重，取可施于礼义，上采契后稷，中述殷周之盛，至幽厉之缺，始于衽席，故曰：关雎之乱以为风始，鹿鸣为小雅始，文王为大雅始，清庙为颂始。三百五篇孔子皆弦歌之，以求合韶武雅颂之音。礼乐自此可得而述，以备王道，成六艺。”[1]

这是修《诗》与《乐》。

子曰：夏礼，吾能言之，杞不足征也；殷礼，吾能言之，宋不足征也。文献不足故也，足则吾能征之矣。（《八佾》）

译文：夏礼，我能说个大概，只是（夏代的后人所封的）杞国（保存下来的夏礼已经残缺了）不能给我提供更

1　司马迁《史记》（第六册），第1936–1937页，中华书局1982年。

多的详情；殷礼，我能说个大概，只是（殷代的后人所封的）宋国（保存下来的殷礼已经残缺了）不能给我提供更多的详情。历史文献和了解历史掌故的有识者都不够，如果够的话，我就能全面地掌握夏礼和殷礼了。

太史公的记述是，“孔子之时，周室微而礼乐废，诗书缺。追迹三代之礼，序书传，上纪唐虞之际，下至秦缪，编次其事。曰：夏礼吾能言之，杞不足征也。殷礼吾能言之，宋不足征也。足，则吾能征之矣。观殷夏所损益，曰：后虽百世可知也，以一文一质。周监二代，郁郁乎文哉。吾从周。故书传、礼记自孔氏。”[1]

这是修《书》与《礼》。

子曰：加我数年，五十以学易，可以无大过矣。（《述而》）

译文：孔子说：让我多活几年，到五十岁就可以专研《周易》，就能不再有大的过错了吧。

太史公的记述是，“孔子晚而喜易，序彖、系、象、说卦、文言。读易，韦编三绝。曰：假我数年，若是，我于易则彬彬矣。”[2]

这是修《易》。

孔子修《五经》，通过对上古文献——中华民族历史文明之载体——的整理和提炼，久远的中国智慧于斯存焉，

---

1 司马迁《史记》（第六册），第 1935－1935 页，中华书局 1982 年。

2 同上，第 1937 页，中华书局 1982 年。

孔子之功业于斯存焉。

与修《五经》相比，最重要的恐怕是作《春秋》。因为对于中国人来说，“历史”是大本大根，人因史在，史为人存，至今仍有“欲灭其国，先灭其史”一说，故在世界各民族中，中国的史学之昌盛发达为最。

所谓历史者有二义存焉，一指业已发生过的生活过程，二指用语言文字记载下来、被理解了的业已发生过的生活过程。在中国人的观念中，没有第二义之历史，则第一义之历史为虚无，第二义之历史越精当，则第一义之历史越丰盈，故太史公以“究天人之际、通古今之变、成一家之言”为终生志业者，实乃以第二义之历史为其职守哉！故孔子之作《春秋》是其“德”之所在之最、“文”之所在之最，亦“道”之所在之最矣！

《论语》中没有保存有关孔子作《春秋》的任何直接资料，但有这样一句话：

子曰：君子疾没世而名不称焉。（《卫灵公》）

译文：孔子说：君子引以为恨的事情是，到死都没有名声在世。

此语之具体所指为太史公所揭明：“子曰：弗乎弗乎，君子病没世而名不称焉。吾道不行矣，吾何以自见于后世哉？乃因史记作春秋，上至隐公，下讫哀公十四年，十二公。据鲁，亲周，故殷，运之三代。”[1]

就事情的重要性而言，修《五经》与作《春秋》不可

1　司马迁《史记》（第六册），第 1943 页，中华书局 1982 年。

相提并论。

就用力之深而言，太史公云，“至于为《春秋》，笔则笔，削则削，子夏之徒不能赞一辞”；[1] 就用世之效而言，孟子云，“孔子成《春秋》而乱臣贼子惧”；（《孟子·滕文公下》）【译文：孔子作了《春秋》，叛乱的臣下和悖逆的子女感到了害怕】但最要紧的却是孔子的用心之要：《五经》是“修”而《春秋》是“作”！

是“作”还是“修”，在古人那里战战兢兢矣。孟子揭明了这件事到底有多大，“世衰道微，邪说暴行有作，臣弑其君者有之，子弑其父者有之。孔子惧，作《春秋》。《春秋》，天子之事也；是故孔子曰：知我者其惟《春秋》乎！罪我者其惟《春秋》乎！”（《孟子·滕文公下》）【译文：世道越来越坏，人心越来越恶，有臣下杀死自己君上的，有儿子杀死自己父亲的。孔子深为忧虑，作了《春秋》这部书。（作）《春秋》，（本来只能）是天子的职权；所以孔子说：真懂我的人，恐怕是通过这部《春秋》，否定我的人，恐怕也是通过这部《春秋》！】

与孟子“孔子惧，作《春秋》”相应，太史公说“仲尼戹陈蔡，作《春秋》”[2]，并且说，“弟子受《春秋》，孔子曰：后世知丘者以《春秋》，而罪丘者亦以《春秋》。”[3] 其原因就在，“《春秋》，天子之事也”，孔子以处士之身行天子之事，其“罪”何惩！

“孔子谓季氏：八佾舞于庭，是可忍也，孰不可忍也？”（《八佾》）【译文：孔子指责季氏：用（天子才能享受的）

---

1 司马迁《史记》（第六册），第1944页，中华书局1982年。

2 司马迁《史记》（第十册），第3300页，中华书局1982年。

3 司马迁《史记》（第六册），第1944页，中华书局1982年。

八八六十四人阵势的舞队在自家庭院中演出，这样的事情都干得出来，还有什么事情干不出来!】不就是取个乐子吗，用得着如此大惊小怪！假设季氏以修《春秋》事反责孔子，不知孔子能做何答。

“非礼勿视，非礼勿听，非礼勿言，非礼勿动”，（《颜渊》）不仅是要用周礼来规范言行，乃至于要用来规范耳目视听了，却以处士之身修《春秋》而传弟子，假设陈亢以此反责于孔子，亦不知孔子能做何答。

至于“子曰：述而不作，信而好古，窃比于我老彭”（《述而》）【译文：孔子说：只传述古人的学说而不自创新说，笃信而喜好古人创造的文明，我私下里认为自己与老彭（译注：无法确知是何人）是一类人】一语，今天已经无法知晓此语说在什么时候，如果是在作《春秋》之前，当然没有问题，那只能说孔子以后改主意了，如果是在作《春秋》之时或之后，恐怕就是孔子为其无惩之“罪”而惴惴然、惶惶然为之文饰矣。

其实，早在太史公就已经为之文饰了，“孔子年十七，鲁大夫孟厘子病且死，诫其嗣懿子曰：孔丘，圣人之后，灭于宋。其祖弗父何始有宋而嗣让厉公。及正考父佐戴、武、宣公，三命兹益恭，故鼎铭云：一命而偻，再命而伛，三命而俯，循墙而走，亦莫敢余侮。饘于是，粥于是，以糊余口。其恭如是。吾闻圣人之后，虽不当世，必有达者。今孔丘年少好礼，其达者欤？吾即没，若必师之”。[1]

依古礼，君子之泽，五世而斩，孟厘子以孔子为圣人之后实在是无“礼”！试想，商汤为圣人，至孔子已不知多

1　司马迁《史记》（第六册），第 1907－1908 页，中华书局 1982 年。

少世代，其“后”不知多少男丁，难道都可以为天子之事作《春秋》乎！

更有甚者，太史公的《史记》当然是“作”不是“修”，但是为了不至于自相矛盾——“孔丘，圣人之后”才有资格“作”——居然自认是“修”不是“作”，“余所谓述故事，整齐其世传，非所谓作也，而君比之于《春秋》，谬矣”![1]

在今人看来，如此为尊者讳也许完全没有必要，太史公何不以“帝王将相宁有种乎”、[2]“彼可取而代也”、[3]“嗟乎，大丈夫当如此也”[4]视孔子？但是，与陈胜、项羽和刘邦完全不同，孔子者，“德”也、“圣”也、“道”也，“天下君王至于贤人众矣，当时则荣，没则已焉。孔子布衣，传十余世，学者宗之。自天子王侯，中国言六艺者折中于夫子，可谓至圣矣！”[5] 故太史公以及后世儒者把孔子结结实实地钉在“述而不作”之上实在是情非得已、可悯可叹！但是，历史之实情也是必须揭明的。

历史真的充满了吊诡，孔子一心克己复礼，却从根基处颠覆了周礼，其事有二，除了作《春秋》而外，还有首开私人讲学，“自行束脩以上，吾未尝无诲焉”。（《述而》）【译文：孔子说：（只要遵从“礼”的规制，最低限度）给我呈上一束干肉，我还没有不教导他的】“孔子以诗书礼乐教，弟子盖三千焉，身通六艺者七十有二人。如颜浊邹之

1 司马迁《史记》（第十册），第 3329－3300 页，中华书局 1982 年。

2 司马迁《史记》（第六册），第 1952 页，中华书局 1982 年。

3 司马迁《史记》（第一册），第 296 页，中华书局 1982 年。

4 司马迁《史记》（第二册），第 344 页，中华书局 1982 年。

5 司马迁《史记》（第六册），第 1982 页，中华书局 1982 年。

徒，颇受业者甚众。”[1] 但是，夏商周一脉相承之“礼”是“学”在官府的。

做了这两件事，孔子实在不能为礼崩乐坏而痛心疾首。但是，这两件事实在高明：《六经》存“大道”以待后“人”，“人”习《六经》而明“大道”；而且，这两件事实在吃紧：中华民族于是立身于天地之间永不坠耳！中华民族之文明如火之炎上赫赫煌煌、如水之就下浩浩汤汤。孔子功业之盛大、之辉煌、之崇高无与伦比，是乃为“仁”！

颜渊、季路侍，子曰：盍各言尔志？子路曰：愿车马、衣轻裘，与朋友共。敝之而无憾。颜渊曰：愿无伐善，无施劳。子路曰：愿闻子之志。子曰：老者安之，朋友信之，少者怀之。（《公冶长》）

译文：颜回与子路陪伴在孔子身边，孔子说：为什么不各自说说自己的志向？子路说：愿意把我的车马衣服都拿出来与朋友共享，就算用坏了也不会心里不痛快。颜回说：愿意（能做到）不夸耀自己的优点，不显摆自己的成绩。子路说：希望能听到您老人家的志向。孔子说：老年人能够安享晚年，朋友能够信任我，青年人能够怀念我。

于两千余年后检视之，“老者安之”者，“大道”之“行”于天下矣，而孔子未达。“朋友信之”者，“人生”之幸矣，而孔子以“知我者，其天乎”终其一生，可不哀哉！“少者怀之”者，“大道”之“显”于千秋万代矣，而孔子为之，是谓“仁”。

1　司马迁《史记》（第六册），第 1938 页，中华书局 1982 年。

孔子的“仁”在根本和终极的意义上是由其目标说明的，这就是天下老百姓都过上好日子，就是中华民族的繁荣昌盛。以孔子、老子发端的先秦诸子，从生存意向的定轨、人格精神的建构、理性思维的形塑和现世关怀的方式等方面为中国人的精神世界完成了奠基工作，“博施于民而能济众”者，于斯为“大”。

跋

年轻时爱读《庄子》，喜欢其飘逸不羁。及长，慢慢品出了《论语》的味道，喜欢其雍容沉潜，渐渐对颜回说的“仰之弥高、钻之弥坚”服膺而神往之。

近二十年来，几乎每年都要通读一遍《论语》，每次都心潮澎湃、恢恢然如风起云涌，却也如颜回所言“瞻之在前、忽焉在后”而思绪缥缈、茫茫然不得其要领。

一日，方意兴酣畅，忽于心中浮现“守候”二字挥之不去，若有所思者再三、若有所悟者不绝，草成长短不一语句若干，罗列于后，以区区寸心向我们伟大的精神传统三致意焉……

守　候

序　曲

一张弦崩的古琴
一曲断肠的哀歌
一局颠倒乾坤的棋谱
一轴山河呜咽的画卷
在秋风萧瑟的夜晚
在晨星寂寥的东方
我的挚爱、我的悲伤

柔　板

一驾破旧的马车
从五千年历史踽踽碾过
车篷摇摇，天际线的峰峦是祖先的召唤
车辙深深，地平线的尽头是春天的故乡
采采芣苢，薄言采之
采采芣苢，薄言襭之
姑娘们的欢笑洒落田野上
凤凰、麒麟和布谷鸟相聚的地方
四海同心的一面大纛正迎风飘扬

车轮旁，层层竹简晕染点点星光
送别天边一抹如血的残阳
我，在歌声中守候

一头蹒跚的老牛
在三千里土地落落耕作
缰轭沉沉，黄土塬的风雷连着黄水谣的悲欢
犁铧涩涩，道可道的诡谲相伴名可名的平凡
昔我往矣，杨柳依依
今我来思，雨雪霏霏
戍边人的伤怀浮动日月短
正奇、祸福和为无为的方寸之间
五洲逐鹿的一具罗盘袖里乾坤长
谷仓旁，缕缕炊烟撩动朦胧的月光
寂寞身影轻轻滑落寂静水面上
我，在流浪中守候

一尾搁浅的大鱼
借八万顷风波载沉载浮
鳞光闪闪，也曾凭风振翮总见天地青如兰
涛声阵阵，或将趺坐抚琴且听灵台宫与商
知我者谓我心忧
不知我者谓我何求
行吟者的孤傲落拓秋风寒
饥荒、战乱和刽子手肆虐的刑场
十日并出的一眼冷泉人间有清凉
瑶池旁，姹紫嫣红依稀当初旧模样
心香一瓣化为婆娑起舞的蝴蝶
我，在梦境中守候

快 板

一剂苦涩的汤药

攻治半身沉疴，王孙贵胄八百年礼乐凄惶落幕

激荡一腔热血，百姓黔首二十爵耕战飞扬登场

铁骑纵横，出八百里秦川席卷云梦鲸吞燕山

哀鸿遍野，莫二十载咸阳血渍上林膏焚阿房

海内一统何处寻觅曾经一匹黯然销魂的独狼

维南有箕，不可以簸扬

维北有斗，不可以挹酒浆

翩翩佳公子东望故国西行虎狼之邦

伤孤愤，宁不知故交新朋心存鬼蜮无非魑魅魍魉

悲说难，何曾忘万里河山情系汗青尽是雨雪风霜

我，在囹圄中守候

一柄冰冷的宝剑

剑气凌厉贯长虹，祁连雪山逶迤西北水草丰美思炎汉

剑魂森严曳雷霆，河西走廊连贯东南驼马络绎知盛唐

侯封冠军，以轻骑孤军五百里奔袭敌后焉支试锋芒

师曰骠骑，会龙城飞将三十旬横扫漠北姑衍行封禅

阳关吹箫敦煌吟月遥想一头振鬣咆哮的狮王

牧野洋洋，檀车煌煌

弓矢斯张，干戈戚扬

醉卧酒泉长啸玉门堪堪双十玉树临风少年郎

狼烟熄，玉石如羊脂君子温润夏佩玦冬赏琮无言华夏风采

西域通，丝绸似凤羽美人娇艳春霞衣秋霓裳有道天下大同

我，在箭雨中守候

一函尘封的书简

通古今之变，轩辕代神农炎黄绵瓞洋洋大观秦皇汉武渊源历历有自

究天人之际，天官连律历纪传流转恢恢巨著河渠平准礼乐绳绳成章
梗慨多气，哀民瘼恤民劳南游江淮探会稽窥九嶷前承千秋诗心
志深笔长，悲士遇砺士魂北涉汶泗观齐鲁略昆明后启万代文胆
采经摭传吞吐百家瞻焉一峰瀚海跋涉的骆驼
穆穆皇皇，宜君宜王
不衍不忘，率由旧章
戒慎恐惧文质事核称实录，临渊履冰语重心长慢君王
述货殖，劝业乐事任能养欲道法自然古今一体求素封
序游侠，身在守藏神驰边疆无罪罹祸死生两截捋衷肠
我，在蚕室中守候

慢　板

一羽衰颓嘶哑的凤凰
啼不住清冷凄凉
钟鸣鼎食，多情公子心倾红袖痕留香消玉殒
镜花水月，玲珑佳人缘结顽石影栖深苑高轩
有美一人，清扬婉兮
邂逅遇之，适我愿兮
未曾想一分情九分难，十情幻千殇
情如天恨似海指山歃盟划地誓断
一座华美的宫阙让天下少女少男心旌摇荡费思量
虽然恨天意痴情多恼还道疗心无方
奈何遗人间夸父逐日……苦寻不得那一朵雪莲
荆棘遍地怵目，莺歌燕舞惊心
制一篇碑诔[1]魂寄晚霞目送夕阳

1　刘勰《文心雕龙·诔碑》云“详夫诔之为制，盖选言录行，传体而颂文，荣始而哀终。论其人也，暧乎若可觌；道其哀也，凄焉如可伤：此其旨也。”又云“夫属碑之体，资乎史才，其序则传，其文则铭。标序盛德，必见清风之华；昭纪鸿懿，必见峻伟之烈：此碑之制也。”其“赞曰：写实追虚，碑诔以立。铭德慕行，光采允集。观风似面，听辞如泣。石墨镌华，颓影岂戢。”

我，在蹉跎中守候

一只日夜啼血的杜鹃
胡不见歌舞升平
万马齐喑，忧患急江湖侠骨无多我尊我心劝天公抖擞
自忏飘零，哀艳紧庙堂腴肉有余人卑人格忍才泪纵横
绸缪束薪，三星在天
今夕何夕，见此良人
郁结灵台，预感三千年未有大变局狂慧汹涌幽光缠绵
虽曰出史入道，精研说文却雕虫不屑勤礼佛祖更劫火难灭
一组斑驳的编钟音律铿锵音调哽咽不成章
歌泣无端，疗梅病悼女殇魂牵岭南梦绕漠南情满江南
恍惚忆此身嫦娥奔月……点履飞天那一丛芭蕉
恩仇缥缈剑气漫涣秦楼楚馆悯殇女
哀乐过人箫心凄厉大夫文士最病梅
我，在风尘中守候

一条抉心自食的毒蛇
于浩歌狂热之际中寒
声嘶呐喊，狂士悲狂人聚啸狂徒高呼狂夫公无渡河公竟渡河
力竭彷徨，阿兄耻阿 Q 羡艳阿斗低语阿瞒堕河而死其奈公何
百川沸腾，山冢崒崩
高岸为谷，深谷为陵
创痛酷烈，血荐轩辕意寄寒星胸填光明渴望肩扛黑暗闸门
横眉冷对三坟五典又何妨天下同仇敌忾惊为虎狼
千夫所指一杆漆黑的投枪
俯首孺子恨不能血为乳泪成饴披肝沥胆愁肠寸寸断
匆匆过客不敢留情，莫非盘古开天……块然入梦那一片胡杨
地火奔突，一朝喷涌万物无可腐朽
野草天竞，代代萌生中华最是脊梁

我，在虚妄中守候

尾　声

一封柔肠百结的情书
一株苍翠欲滴的梧桐
一桅逆流而上的风帆
一尊九五在天的飞龙
在春雨缠绵的桑间陌上
在皓月当空的大漠雄关
我的女神、我的故乡

图书在版编目(CIP)数据

饕餮《论语》/崔宜明著.--上海：上海书店出版社，2016.1
ISBN 978-7-5458-1222-0

Ⅰ.①饕… Ⅱ.①崔… Ⅲ.①儒家 ②《论语》—研究
Ⅳ.①B222.25

中国版本图书馆 CIP 数据核字(2015)第 313676 号

责任编辑 顾 佳
封面设计 汪 昊
技术编辑 丁 多

饕餮《论语》
崔宜明 著

出　　版 上海世纪出版股份有限公司上海书店出版社
(200001 上海福建中路 193 号 www.ewen.co www.shsd.com.cn)
发　　行 上海世纪出版股份有限公司发行中心
印　　刷 上海展强印刷有限公司
开　　本 889×1194 mm 1/32
印　　张 8.125
字　　数 183 千字
版　　次 2016 年 1 月第 1 版
印　　次 2016 年 1 月第 1 次印刷
书　　号 ISBN 978-7-5458-1222-0/B·65
定　　价 26.00 元